本书系国家自然科学基金"反垄断执法经济效果事后评估机制研究"的结项成果，项目批准号：71603099。

NSFC
National Natural Science
Foundation of China

国家自然科学基金项目文库·法学研究

反垄断执法经济效果事后评估机制研究

费兰芳 ◎ 著

FANLONGDUAN ZHIFA JINGJI XIAOGUO
SHIHOU PINGGU JIZHI YANJIU

暨南大学出版社
JINAN UNIVERSITY PRESS

中国·广州

图书在版编目（CIP）数据

反垄断执法经济效果事后评估机制研究/费兰芳著 . —广州：暨南大学出版社，2019.12

（国家自然科学基金项目文库. 法学研究）

ISBN 978 - 7 - 5668 - 2792 - 0

Ⅰ. ①反…　Ⅱ. ①费…　Ⅲ. ①反垄断法—行政执法—评估—研究—中国　Ⅳ. ①D922. 294. 4

中国版本图书馆 CIP 数据核字（2019）第 261799 号

反垄断执法经济效果事后评估机制研究
FANLONGDUAN ZHIFA JINGJI XIAOGUO SHIHOU PINGGU JIZHI YANJIU

著　者：费兰芳

出 版 人：徐义雄
项目统筹：晏礼庆
责任编辑：武艳飞　康　蕊
责任校对：王燕丽
责任印制：汤慧君　周一丹

出版发行：暨南大学出版社（510630）
电　　话：总编室（8620）85221601
　　　　　营销部（8620）85225284　85228291　85228292（邮购）
传　　真：（8620）85221583（办公室）　85223774（营销部）
网　　址：http：//www. jnupress. com
排　　版：广州市天河星辰文化发展部照排中心
印　　刷：广东信源彩色印务有限公司
开　　本：787mm×1092mm　1/16
印　　张：10. 75
字　　数：195 千
版　　次：2019 年 12 月第 1 版
印　　次：2019 年 12 月第 1 次
定　　价：43. 00 元

（暨大版图书如有印装质量问题，请与出版社总编室联系调换）

前　言

反垄断执法的经济效果事后评估在近 10 年引起了执法机构和学界的广泛关注。[①] 一旦认定垄断成立，执法机构会以合法程序进行管制并实施反垄断政策干预市场，但执法机构不能保证干预一定能促进竞争、增进社会福利。不当的管制和反垄断执法会产生新的扭曲后果，甚至破坏良性竞争，损害社会总福利或者消费者福利。美国著名反垄断法学家 Easterbrook 在 *The Limits of Antitrust* 一文中就曾警示："如果一次违法行为被放过，市场之手会自行矫正该违法行为所带来的后果；但一次错误的反托拉斯执法给该市场带来的扭曲后果，市场之手则无法自行矫正。"[②]

有鉴于此，世界主要经济体的竞争执法机构自 20 世纪末就开始尝试对反垄断执法经济效果进行事后评估，以减少错误执法，改善执法效果。经济合作与发展组织（以下简称"经合组织"，OECD）2012 年的一项报告显示，欧洲联盟（以下简称"欧盟"，EU）、英国公平贸易局（OFT）、美国联邦贸易委员会（FTC）及司法部（DOJ）、荷兰反垄断机构（NMA）每年都会定期发布竞争执法评估报告，而另有 12 个国家，包括德国、日本等国的执法机构也会进行各种不定期的评估操作[③]。不同国家执法机构事后评估的目的、范围和方法既有相似又有不同。评估的主要目的既有改进决策质量，又有宣传良性竞争和竞争政策，有时也用以证明其恰当运用公共资金。评估的范围既有对某一特定市场中某项特定干预行为的微观评估，又有对竞争政策给一国所带来的经济

---

① DG Competition. Ex-post economic evaluation of competition policy enforcement: a review of the literature [M]. Luxembourg: Publications Office of the European Union, 2015.

② EASTERBROOK F H. The limits of antitrust [J]. Texas law review, 1989 (63): 15.

③ OECD. Evaluation of competition enforcement and advocacy activities: results of an OECD survey [EB/OL]. [2019 - 01 - 03]. http://www.oecd.org/competition/evaluationofcompetitioninterventions.htm.

影响宏观评估；既有对静态消费者福利增加的评估，也有对动态效率、威慑效应、创新、就业和 GDP 的影响评估①。在方法上，执法机构普遍采用定量和定性结合的评估方法，其中主要的定量方法包括模拟方法、双重差分法（DID）及事件研究法等，定性方法则主要是调查问卷和访谈②。反垄断执法决策的定期事后评估是帮助执法机构改进未来决策的重要工具。尽管反垄断执法经济效果事后评估的具体方法还有待进一步完善和统一，但评估程序本身已能够促使执法机构审慎执法，提高执法效率，并增加反垄断执法的公信力③。

中国自 2008 年颁布《中华人民共和国反垄断法》（以下简称《反垄断法》）以来，反垄断执法日趋活跃。数据显示，从《反垄断法》生效之日至2016 年底，商务部反垄断局共收到经营者集中申报 1 800 多件，审结 1 600 多件④。截至 2015 年 12 月 31 日，工商行政管理机关共立案查处垄断案件 58 件，结案 34 件，中止调查 5 件，34 件竞争执法公告中包含反垄断行政处罚案件101 件；国家发展和改革委员会（以下简称"发改委"）及地方价格主管部门调查并已作出执法决定的反垄断案件 98 件，实施经济制裁 103.97 亿元，其中包括垄断协议案件 76 件、滥用市场支配地位案件 14 件、行政垄断案件 8 件⑤。截至 2015 年底，全国法院七年间共受理的反垄断民事诉讼案件达 430 件⑥。

与欧美国家相比，我国尚未建立常规的反垄断执法经济效果事后评估机制。现实中反垄断执法经济效果尚未建立常规科学的评估体系，反垄断执法的经济效果不甚清晰。2009 年亿帆医药、新陇海药业、芙蓉药业三家公司重组，随后尿素原料的国内销售价格从每公斤 35 元变为每公斤 350 元，较原价上涨 9 倍。发改委反垄断执法机构在 2012 年要求重组后的企业将原料价格从每公斤

① YANNIS K, EVGENIA M & DAVID U. Measuring the effectiveness of anti-cartel interventions：a conceptual framework [J]. TILEC discussion paper, 2016 (1)：34.

② DG Competition. Ex-post economic evaluation of competition policy enforcement：a review of the literature [M]. Luxembourg：Publications Office of the European Union, 2015.

③ STEPHEN W D & ORMOSI L P. A comparative assessment of methodologies used to evaluate competition policy [J]. Journal of competition law and economics, 2012, 8 (4)：787 – 803.

④ 王晓晔. 我国反垄断法中的经营者集中控制：成就与挑战 [J]. 法学评论, 2017 (?)：11.

⑤ 林文, 甘蜜. 中国反垄断行政执法大数据分析报告（2008—2015）[J]. 竞争法律与政策评论, 2016 (1)：196.

⑥ 王闯. 中国反垄断民事诉讼概况及展望 [J]. 竞争政策研究, 2016 (2)：6 – 12.

380 元降至 198 元，发改委认为其执法行为为"下游企业减轻负担 2 000 万元"①。然而，该案件中发改委执法后确定的尿素原料国内销售价格仍然远高于合并前的定价，下游企业仍需承担较大负担，其执法效果令人疑惑。另外，由于《反垄断法》有关行政处罚的规定本身具有一定的原则性，为反垄断执法中行政机构的自由裁量留下了一定的空间，也使执法效果和力度存在一定的不确定。如 2013 年上海市物价局按照发改委价格监测中心的要求，对 13 家黄金饰品店及黄金协会涉嫌从事近 10 年之久的价格操纵行为进行反垄断调查，最终按照上一年度"相关"销售额的 1% 统一处罚上海 5 家黄金饰品店，其中老凤祥所受处罚为 323 万元，较之前外界预期的 2.5 亿元至 25 亿元要低得多，以至于在被罚第二天出现股价大涨 6% 以上的现象②。此外，反垄断执法罚款金额迭创新高，引发了国外学界对中国反垄断执法公正性的强烈质疑，批评中国在反垄断分析和执法中依赖非竞争因素③，存在地方保护主义的可能等④。

面对上述现实问题，我国亟须探索建立符合国家实际的反垄断执法经济效果事后评估机制，尝试以定量方法分析每一起案件中反垄断执法的具体效果，以检验我国反垄断执法的实际经济效果，为反垄断执法提供标杆与参照，从而进一步改善反垄断执法，提升反垄断机构的公信力。本书将回应这一需求，对近年来反垄断执法经济效果事后评估的理论发展进行梳理，对相关实证研究成果加以归纳总结，通过借鉴国际实践，探索并建立符合中国实际的可行性事后评估机制。

全书共分为六章。第一章阐述反垄断执法经济效果事后评估的定义、目标和流程，厘清事前评估和事后评估的区别，反垄断执法潜在的直接或间接经济效果、竞争效果和反垄断执法效果的区别，及不同目标下评估方式的区别。第二章通过比较已有的执法机构评估框架，明确事后评估的方法，包括目标的确

---

① 许昆林. 2012 年价格监督检查与反垄断工作和 2013 年主要工作安排 [J]. 中国物价，2013 (2).

② 张柏慧. 老凤祥"垄断门"是否成了塞翁失马 [J]. 中国商界，2013 (9).

③ U. S. Chamber of Commerce, Competing interests in China's competition law enforcement [EB/OL]. (2014 – 09 – 09). [2019 – 04 – 10]. https: //www. uschamber. com/sites/default/files/aml_final_090814_final_locked. pdf.

④ OHLHAUSEN K M. Commissioner, federal trade commission, second annual GCR live conference, antitrust enforcement in China-what's next? [EB/OL]. (2014 – 09 – 16).

定、数据的收集、方法的选择、评估结果的公开及运用原则。第三章分析并购/经营者集中审查事后评估的方法和具体应用实例。第四章介绍卡特尔及垄断协议执法事后评估方法的应用。第五章介绍滥用市场支配地位或垄断势力执法决定的事后效果评估，并介绍了采用双重差分法等方法评估食品和药品市场的案例。第六章讨论了中国反垄断执法经济效果事后评估体系的建构，具体包括目标和标准、评估流程以及评估主体和对象的选择。

费兰芳

2019 年 11 月 3 日

目 录
CONTENTS

前　言 ……………………………………………………………………… (1)

第一章　反垄断执法经济效果事后评估概述 …………………………… (1)
　第一节　定义 …………………………………………………………… (1)
　第二节　评估目标 ……………………………………………………… (4)
　第三节　评估流程 ……………………………………………………… (6)

第二章　事后评估的方法 ………………………………………………… (20)
　第一节　微观定性研究 ………………………………………………… (20)
　第二节　微观定量研究 ………………………………………………… (23)
　第三节　宏观评估方法 ………………………………………………… (33)
　第四节　各评估方法的局限 …………………………………………… (38)

第三章　并购/经营者集中审查的事后评估 …………………………… (39)
　第一节　并购/经营者集中审查制度概述 …………………………… (39)
　第二节　调研法在并购/经营者集中事后评估中的应用 ………… (44)
　第三节　事件研究法在个案并购/经营者集中事后评估中的应用 …(78)
　第四节　计量和双重差分法在并购案件事后评估中的应用 ……… (84)

第四章　卡特尔/垄断协议执法的事后评估 …………………………… (94)
　第一节　垄断协议执法概述 …………………………………………… (94)
　第二节　对竞争执法威慑效应的评估 ………………………………… (96)

第三节　对取消转售价格维持影响的评估 …………………………（110）

第五章　垄断/滥用市场支配地位执法决定的事后评估 …………………（118）

第一节　垄断/滥用市场支配地位执法概述 …………………………（118）

第二节　对食品行业滥用市场支配地位执法决定的评估 …………（121）

第三节　对药品行业滥用市场支配地位执法决定的评估 …………（124）

第六章　中国反垄断执法经济效果事后评估的机制建议 …………………（138）

第一节　中国反垄断执法经济效果事后评估的必要性和可行性 …（138）

第二节　已有事后评估综述 …………………………………………（139）

第三节　机制设计和实施构想 ………………………………………（150）

第一章 反垄断执法经济效果事后评估概述

第一节 定义

反垄断执法经济效果事后评估，经合组织称其为"竞争主管当局执法决定的事后评估"（Ex-post Evaluation of Competition Agencies' Enforcement Decisions），并定义道："事后评估是对执行决定的审查，以确定该决定在发布后的某个时间点对市场产生的影响。"[1] 欧盟委员会竞争总司称之为"竞争政策实施的事后经济评估"（Ex-post Economic Evaluation of Competition Policy Enforcement），认为界定其含义要求解释事前和事后评估之间的差异，并区分竞争效果与竞争政策效果的评估[2]。美国称之为反托拉斯法执法的回顾研究（Retrospective Analysis）[3]。

为了与中国反垄断法语境一致，本书采用"反垄断执法经济效果事后评估"这一表述。该表述可界定为评估国家反垄断执法机构，依照法定职权和程序在个案中执行《反垄断法》后所产生的经济效果。理解该表述须进一步界定其包含的三个术语"反垄断执法""经济效果""事后评估"。

---

① OECD. 竞争机构执行决策的前瞻性评估参考指南 [EB/OL]. [2019 – 04 – 10]. http：// www. oecd. org/daf/competition/Ref-guide-expost-evaluation-2016web. pdf.

② DG Competition. Ex-post economic evaluation of competition policy enforcement：a review of the literature [M]. Luxembourg：Publications Office of the European Union，2015.

③ BALAN J D & ROMANO S P. A retrospective analysis of the clinical quality effects of the acquisition of Highland Park Hospital by Evanston Northwestern Healthcare. Fed. Trade Comm'n Bureau of Economics，working paper No. 307 [EB/OL]. [2019 – 04 – 10]. http：//www. ftc. gov/be/workpapers/wp307. pdf.

一、反垄断执法

自 1890 年美国制定《谢尔曼法》至今，全世界范围内已有超过 100 个国家制定了自己的竞争政策。2001 年，国际竞争网络（International Competition Network；ICN）仅有 14 个成员，到了 2017 年，其成员包含 135 个竞争执法机构，涵盖 122 个法域①。美国司法部部长助理 Kolasky 评价道："在最近的 20 年中，世界发生了不可思议的变化……世界上曾经有很大部分国家是排斥反垄断法的，即使在我们称之为自由世界的一些国家也是排斥反垄断法的……今天，世界上大部分国家，包括俄罗斯以及中国，已经欢迎自由市场机制。这些国家日益增长了它们对待反垄断法（有些国家称为竞争法）的诚意。"②

不同法域可能采用不同的术语来提及类似的竞争法程序和违规行为。本书采用我国《反垄断法》所采用的术语，使用"反垄断执法"一词指称执法机构依据《反垄断法》对特定执法对象实施执法行为。反垄断执法本身有广义和狭义两种理解。广义的反垄断执法不仅包括单独的执法行为，也包括反垄断执法的宣传、部门协调、具体指南拟定。而狭义的反垄断执法则指依据《反垄断法》查处垄断协议、滥用市场支配地位或者审查经营者集中的申报。其他法域在术语使用上与中国法律多有差异，如美国将反垄断法指称为反托拉斯法，欧盟将反垄断法指称为竞争法，在讨论评估其他法域执法机构的执法决定时，笔者将采用该法域的术语。不同国家和地区针对同类型竞争行为的术语并无本质差异，比如"垄断势力"与"市场支配地位"，"并购"与"经营者集中"具有同样的内涵和外延。

二、经济效果

经济效果或者说一般意义上的消费者福利，作为反垄断法的价值目标，得到不同国家和地区法院以及执法机构的认可。这些法域实施反垄断法的目的是一致的，旨在增进市场分配，提高生产率和动态效率，进而推动创新，为消费者提供更为价廉质优的商品选择和服务，最终从宏观上增加整个经济体的经济

---

① International Competition Network. The international competition network approves new work on effective competition enforcement and advocacy, Porto, Portual May 12, 2017.

② KOLASKY J W. Competition rules for the 21st century：principles from America's experience ［M］. Hague：Kluwer Law International，2006.

福利。曾担任美国反托拉斯局局长的 Baxster 说："经济效果提供了唯一可行的标准，由此发展出可操作的规则，并且这些规则的有效性也能由此得到评判。兼并产生的效率和损失至少从理论上说是可以计算的，经济理论提供了事先决定哪些情况下兼并可能会减损效率的基础。而那些社会的和政治的标准就不是这样，没有客观的方式可以评价社会或政治的成本与价值。"① Posner 概括："所有专门从事反垄断法工作的人，无论是立法者、检察官、法官、学者或评论家，不仅都同意反垄断法的唯一目标应该是改善经济福利，而且还同意那些用来决定特定的商业行为是否和这一目标一致的经济学基本原则。"②

具体而言，对于反垄断执法的经济效果事后评估，着眼于特定的反垄断执法对经济要素的影响。这一影响包括微观经济影响和宏观经济影响，前者包括但不限于价格涨跌、产量增减、质量好坏、市场进入、技术更新的影响；后者包括对一国整体经济增长相关变量，如国民生产总值、消费者储蓄额的影响。从影响的方式看，反垄断执法决定的影响又分为直接经济影响和间接经济影响。一方面，反垄断执法对于改善竞争条件有直接作用，如带来市场竞争主体的增加和促使消费者价格的降低；另一方面，反垄断执法也可产生间接的威慑效应，有效的反垄断执法能够事先阻止经营者达成垄断协议③，Posner 曾指出，反托拉斯救济系统的主要目的在于威慑违法④。

另外需要说明的是，中国反垄断法包括行政垄断，欧盟竞争政策包括国家援助控制，这两类独特的竞争规则的效果在性质上与其他竞争规则的效果不同，因此不是本书讨论的对象。

三、事后评估

反垄断执法经济效果事后评估属于公共政策评估（Public Policy Evaluation）的一种。依照 Quade 的观点，政策评估是确定一种价值的过程分析，但在狭义上，是在调查一项进行中的计划，就其实际成就与预期成就的差异加以

---

① BAXSTER W. Responding to the reaction：the draftsman's review ［M］. Fox & HALVERSON J ed. Antitrust policy in transition：the convergence of law and economics. Chicago：America Bar Association，1984（1）：308 – 321.

② POSNER A R. Antitrust law：an economic perspective ［M］. Chicago：University of Chicago Press，1978.

③ 王健，张靖. 威慑理论与我国反垄断罚款制度的完善——法经济学的研究进路 ［J］.法律科学（西北政法大学学报），2016（4）：124 – 136.

④ POSNER A R. Antitrust law：an economic perspective ［M］. Chicago：University of Chicago Press，1978.

衡量①。广义的政策评估包括政策的事前评估、执行评估、事后评估三种类型②。对于反垄断执法经济效果的评估,既可以做事前评估,也可以做事后评估。事前评估属于前瞻性分析,通过在采取执法行动之前分析不同情境下的预期效果,为执法行动做出指引。事后评估则回顾性研究,在采取执法行动之后评估执法干预是否实现了预期的效果,着眼于从因果关系分析影响并总结经验教训。

简而言之,事前评估基于预测而事后评估基于回溯和检讨,两者在目的和具体方法上均存在区别。就反垄断执法而言,在经营者集中或并购的审查中,反垄断执法机构实际上需要作出事前评估,即基于预测判断一项合并是否会对竞争市场产生负面影响。事后评估则须发生在作出执法决定之后,通过分析市场变化来判断执法决定是否恰当。

第二节　评估目标

一、总体目标

从学理的角度看,反垄断执法经济效果事后评估肇始于部分经济学家对竞争政策必要性的质疑。如 Robert、Crandall 和 Winston 认为,几乎没有任何证据表明垄断、串通和兼并等领域的反托拉斯政策给消费者带来了好处,在某些情况下,甚至有证据表明它可能减少了消费者福利,也没有任何证据表明反托拉斯政策阻止了企业采取可能损害消费者利益的行动,造成这一结果的原因是:①当局不善于识别问题;②现有的竞争问题难以补救;③市场能够自我调节,防止出现严重和持久的经济问题③。为回应"反垄断法无效"的质疑,执法机构开始关注并实施反垄断执法的经济效果事后评估。

除了捍卫合法性以外,从执法机构的角度看,反垄断执法经济效果事后评估也有其他更为实际的目标。2012 年经合组织对 46 个执法机构进行的调查结果显示,绝大部分执法机构进行事后评估是为撰写其年度工作报告,而这一义

---

① QUADE S E. Policy sciences [J]. Operational research quarterly, 1977, 21 (4): 499-500.

② OECD. Policy evaluation in innovation and technology: towards best practices [EB/OL]. [2019-04-10]. http://www.oecd.org/science/inno/policyevaluationininnovationandtechnologytowardsbestpractices. htm.

③ ROBERT W, CRANDALL & WINSTON CLIFFORD. Does antitrust policy improve consumer welfare? Assessing the evidence [J]. Journal of economic perspectives, 2003, 17 (4): 22.

务源于法律规定。执法机构普遍认为撰写报告这一义务确保了执法机构对公共资金的使用负责，为公共资金的使用提供更多的透明度。大多数执法机构对其具体执法决定进行事后评估，以审查和改进其内部决策过程。他们也使用这种评估来增强他们的信誉和确定优先事项。有关竞争政策其更广泛影响的评估被用以了解执法机构活动的有效性，并提高人们对执法机构在经济发展中的作用的认识①。

欧盟委员会将反垄断执法经济效果事后评估进行了总结：①改进竞争决策和执法实践，事后评估可以有助于提高竞争决策和执法实践的质量，使执法机构从过去的成功中汲取教训和经验。②提高竞争执法的权威和效力，事后评估将帮助执法机构树立科学审慎的态度和形象。③事后评估可用于竞争执法机构配置资源和执法工具，同时还利于在竞争决策和其他决策领域之间配置资源。④捍卫竞争执法的合法性，用数据改善竞争执法的宣传。其他评估目标还有如提高竞争决策的透明度，降低企业处理困难程序的成本，并允许与其他竞争机构的业绩进行比较等②。

二、福利目标

执法机构在具体评估环节有更为多元化的目标，但如果采用计量经济学或者产业经济分析对某项执法决定进行事后评估，通常追求的是福利的最大化。所谓福利，继承芝加哥学派理论传统的效率主义认为，反垄断法存在的意义就在于提升经济效率，或者说是为了实现最大化的经济福利。波斯纳曾经声称："今天几乎所有从事反托拉斯职业的人——不管是诉讼当事人、法官、学者还是评论家——都赞同反托拉斯法的唯一目标应当是改善经济福利，而且对判断具体的商业活动是否与这一目标相符所运用的经济理论的基本原则也存在共识。"③ 在这种观点指导下，只要整体经济福利最大化，消费者利益也会随之增加。这里提到的经济福利，在经济学中，是指生产者剩余和消费者剩余的总和。即便消费者剩余减少，只要生产者剩余的增加高于消费者剩余的减少，依

---

① OECD. Evaluation of competition enforcement and advocacy activities：results of an OECD survey ［EB/OL］. ［2018 - 04 - 01］. http：//www. oecd. org/competition/evaluationofcompetitioninterventions. htm. DG Competition. Ex-post economic evaluation of competition policy enforcement：a review of the literature ［M］. Luxembourg：Publications Office of the European Union，2015.

② DG Competition. Ex-post economic evaluation of competition policy enforcement：a review of the literature ［M］. Luxembourg：Publications Office of the European Union，2015.

③ 理查德·A. 波斯纳. 反托拉斯法 ［M］.孙秋宁，译. 北京：中国政法大学出版社，2003：4.

然被认为是经济福利最大化。例如，如果垄断行为促进了效率的显著提升，而该效率提升的生产者剩余足以抵消或高于消费者的利益损失，那么这种垄断就不会受到规制或谴责，只有在整体福利减少时，垄断才会受到关注。也就是说，这种观点并不关注垄断所导致的生产者和消费者之间的"财富转移"，只要社会整体福利没有减少即可。

还有一种观点是经济效果应当是指消费者福利。所谓消费者福利，是消费者愿意为他们获得的每个产品单元（即消费者的支付意愿）支付的价格和他们实际支付的价格之间的差额。从垄断导致的社会效果来看，财富转移会带来社会不公、影响消费需求、最终损害社会经济可持续发展等负面的社会后果。Farrell 和 Katz 的研究报告认为，社会中的垄断问题主要表现为生产者和消费者之间的财富转移而不是资源配置的无效率，财富转移所导致的社会损失要大大超过因配置无效而导致的福利净损失，而且前者甚至是后者的 2 到 40 倍之多，因此，反垄断的首要目标是防止生产者和消费者之间的财富转移，而非单纯地提高资源配置效率。①

消费者福利与社会总福利的最本质区别在于：前者关注的是福利转移是否公平的问题，后者关注的是总福利（无关分配问题）是否减损的问题。它们分别更加亲消费者和亲经营者②。而在反垄断执法经济效果事后评估中采用哪一种福利标准，取决于多种因素，包括政治环境、经济发展水准、执法机构的自我定位以及可操作性。

第三节　评估流程

反垄断执法经济效果事后评估是一项复杂的系统化工作，需要事先设计评估框架，这一框架包括评估主体、评估对象、评估流程、评估方法、评估成本的考量和安排。基于对实践和理论的考察，欧盟和经合组织均对评估框架和流程进行了系统归纳和总结。

① FARRELL J & KATZ M L. The economics of welfare standards in antitrust [J]. Competition policy center paper CPC06 – 061, 2006: 9 – 10.

② 王妮妮. 反垄断法中的消费者保护问题研究 [D]. 南昌：江西财经大学，2015：22.

一、欧盟的流程

欧盟委员会总结认为，有计划地组织评估活动非常重要。一项完整的评估需要包括三个步骤：准备、执行和对结果的运用①。

1. 准备阶段

评估项目准备工作的第一个要点是确定评估的目标，并在此基础上选择评估的对象和使用方法。在这个阶段，还要决定谁来做评估。在评估目标的定义上，虽然一项评估可能实现多个目标，但每项评估最好设定一项优先目标。欧盟竞争事务总署实施的评估项目如表 1 - 1 所示：

表 1 - 1　欧盟竞争事务总署评估项目及其优先目标②

评估主题	欧盟竞争事务总署的事后评估
个别司法判决和执法决定的评估	欧盟法院判决的后期评估
	通过监督受托人进行事后监督，主要针对救剂措施
	有针对性地评估执法个案的效果，如电信业的合并决定
条例法规实施效果的评估	现行法规的中期审查，主要是通过向利益相关者发送公众咨询/问卷
	第 1/2003 号条例的评估
	在金融危机背景下通过的临时国家援助规则的影响评估
	评估反垄断案件中的文件规则和做法
	评估 R&R 决策对援助企业可行性的影响
	关于欧盟合并、控制部门合并和宏观经济影响的回顾性研究
部分特定产业和宏观经济影响的评估	重要的卡特尔和兼并决策导致的每年消费者储蓄增减
	研究对某类产业的影响，如竞争政策对能源部门运行的经济影响
	研究对宏观经济的其他影响，如使用宏观经济计量模型模拟欧盟竞争政策干预措施的影响

对个别司法判决和执法决定的评估的主要目的在于检测决策的对错和效果，对条例法规实施效果的评估则旨在考察竞争政策是否有效及其优劣得失，

①　HUSCHELRATH K & LEHEYDA N. A methodology for the evaluation of competition policy ［C］. ZEW-centre for european economic research discussion paper No. 10 -081，2010.

②　FABIENNE I & ADRIAAN D. Ex-post economic evaluation of competition policy enforcement：a review of the literature ［M］. Luxembourg：Publications Office of the European Union，2015.

而对部分特定产业和宏观经济影响的评估则主要是为了争取更多的预算和公众对竞争执法的认可。

评估项目准备工作的第二个要点是考察评估方法的可行性。方法的选择首先受制于现实条件，如数据和信息是否可以获取。在数据和信息可得的情况下，可用于进行后期评估的方法有很多，包括定性方法、定量方法以及定性和定量相结合的方法。不同案件和评估对象需要考虑不同的方法。最佳的选择是采用多个方法，这样可以增加评估结果的稳健性。具体而言，定性方法包括法庭对有关各方的上诉作出判决、对竞争管理机构的决定提出质疑，借由竞争对手、供应商、客户、律师事务所和竞争管理机构完成的采访或调查问卷，分析在影响市场的一些干预竞争政策下特定市场的发展，并参照竞争管理机构就某些问题，如反垄断、兼并补救、卡特尔检测和罚款等推出学术论文和出版物。定量方法包括完全指定需求侧的模型，基于明确定义的理论框架的单一方程，准实验方法，事件研究法暨通过发现卡特尔或者一项反垄断调查的发起或总结所引起的股票价格或合并的股票价格的竞争者的反应，以及基于宏观经济计量模型的评估。

欧盟委员会绝大多数的评估都采用外包形式，以确保评估人员的独立性。然而，这种独立性并不能得到保证。一些外部评估者可能倾向于避免提供不良的评估结果，以免危及未来与执法机构的关系。这一问题可以通过限制外部人员的参与程度、签署非公开协议或者强化执法机构对评估的指导来消除。少数情况下，出于保密和处理内部讨论资料的需要，执法机构自身也会直接作为评估主体。

2. 执行事后评估

评估项目的执行应从数据收集开始，从而改进方法并确定用于评估的指标。良好的后期评估需要在执法过程中收集各方的数据，而且需要来自各方包括其他市场参与者执行前后的数据以便对比。为收集数据和确定指标，开发一个运作良好的数据库是执行事后决策的有效手段。这一数据库可以包含每起案件的发生情况以及案件的程序性和决定性的时间点，除用作评估之外，这一数据库还可当作档案库，为未来评估留存资料。此外，执法机构应当在可行的范围内选择最为准确的工具，并避免这一工具过于复杂。总之，在工具选择上需要保证准确性和复杂性的平衡。

3. 利用事后评估的结果

得出评估结果以后，首先应当检验评估结果的有效性。有些评估是基于模糊而不是可验证的假设展开，在从这种评估工作中得出任何结论之前，必须对所做的工作，特别是所做出的关键假设和方法保持批判的态度，对假设和评估结果的灵敏度及稳健性进行讨论。如果结果是可靠的，下一步是使用评估结果来得出对决策者有用的结论，并改进竞争政策。还要注意评估结果的公开与宣传。如果评估的主要目的是捍卫执法机构的合法性，其结果必须被广泛宣传。如果目的是提高个别决定的质量，则可由执法机构视情况或相关规定决定是否公开。

欧盟研究人员对部分执法机构已经做出的执法决定评估框架进行了对比分析，包括美国司法部（DOJ）和联邦贸易委员会（FTC）、英国公平贸易局（OFT）和竞争委员会（CC）［现已合并为竞争和市场管理局（CMA）］、荷兰消费者与市场管理局（ACM），结果如表1-2所示：

表1-2　不同执法当局的事后评估活动[①]

竞争主管部门	欧盟（欧盟委员会竞争总司）	美国（司法部+联邦贸易委员会）	英国（竞争和市场管理局）	荷兰（消费者与市场管理局）
目标	1. 增强执法力度 2. 提高竞争法效力 3. 评估合法性和宣传	1. 评估政策实施报告 2. 评估该机构的表现（效率和合法性） 3. 改进内部决策过程	1. 评估内部管理（设定优先级） 2. 评估该机构的表现（效率和合法性） 3. 改进内部决策过程	1. 评估内部管理 2. 评估合法性 3. 改进内部决策过程

---

① FABIENNE I & ADRIAAN D. Ex-post economic evaluation of competition policy enforcement：a review of the literature［M］. Luxembourg：Publications Office of the European Union，2015.

（续上表）

竞争主管部门	欧盟（欧盟委员会竞争总司）	美国（司法部＋联邦贸易委员会）	英国（竞争和市场管理局）	荷兰（消费者与市场管理局）
范围	1. 执法和宣传活动年度报告 2. 单个兼并决定 3. 中期审查条例 4. 卡特尔和兼并决策对消费者福利的年度估计（自愿）	1. 执法和宣传活动年度报告 2. 单个兼并决定 3. 卡特尔和兼并决策对消费者福利的年度估计（必需）	1. 执法和宣传活动年度报告 2. 个别竞争政策干预 3. 对市场研究的影响进行后期评估 4. 卡特尔和兼并决策对消费者福利的年度估计（OFT：需要，CC：自愿） 5. 执法活动对质量和产品创新的影响 6. 调查威慑效应（2008 年和 2011 年） 7. 宣传活动的影响	1. 执法和宣传活动年度报告 2. 单个兼并决定 3. 中期审查条例 4. 卡特尔和兼并决策对消费者福利的年度估计（自愿） 4. 竞争政策执行的宏观经济影响 5. 阻碍竞争影响调查
方法	定性方法（公众咨询，竞争对手和客户调查，法院上诉）；定量方法（模拟方法，事件研究法，消费者储蓄）	主要是定量方法（合并模拟，约减式评估，双重差分法，消费者储蓄）	定性方法（竞争对手调查，访谈）；定量方法（合并模拟，约减式评估，双重差分法，消费者储蓄，个案研究）	主要是定量方法（微观模拟，客户储蓄，宏观模拟）
主体	内部和外包	内部和外包	内部和外包（OFT）外包（CC）	内部和外包
结果披露	个案决定	广泛披露	广泛披露	广泛披露
专用网站	在准备中	无	有	无

关于事后评估的目标，美国、英国和荷兰的执法机构使用外部评估作为内部管理工具。FTC 的目标是评估政策实施报告及本机构的表现；CMA 的目标是评估特定绩效要求实现与否，该机构要求消费者的直接利益至少应该是纳税人的十倍；ACM 的目标是保障纳税人的钱使用恰当和合法。所有机构都非常重视事后评估所起的作用，捍卫其工作的合法性，并认为对个别决定的事后评估有利于改善内部决策过程。

机构评估活动范围非常广泛，从个别执法决定的事后评估（主要是兼并和少数针对滥用垄断势力的案件），到宏观层面对消费者福利的影响。所有机构每年都会对其评估活动作详细的说明，包括对其主要调查和决定的定性描述以及衡量其评估水平的量化指标的阐释。所有机构都评估兼并和卡特尔造成年度消费者利益增减的情况。一些执法机构还会强调干预措施更广泛的影响，而 OFT 还试图衡量竞争干预对促进经济增长的各种因素的影响，如自然资源、资本、创新和管理。ACM 使用模型模拟来衡量竞争干预在宏观层面如何影响增长和就业。OFT 和 ACM 还试图在调查的基础上衡量其竞争干预威慑倍数的大小。CMA 决定效仿 OFT 和 CC 的评估活动，并在其 2014—2015 年度计划中将其评估方法设定为三部分：①评估每个项目的影响；②评估项目用以确定成本和收益以及获取经验教训；③进一步探讨如何最好地评估 CMA 对经济增长的广泛影响，包括通过威慑来改善市场退出、进入和创新的前景。

执法机构采用的方法主要是简单的双重差分法和模拟方法，辅之以定性调查和问卷。英国竞争机构定期对兼并审查进行回溯研究，其方法包括模拟方法、双重差分法、问卷调查及对相关公司的访谈。FTC 和 ACM 应用双重差分法来分析医院合并后的价格涨幅，并在此基础上确定是否允许未来的合并。

在评估的组织上，欧盟委员会竞争总司和 CMA 是拥有多次年度评估计划的机构。CMA 有义务每年进行两次评估，其他机构也有义务进行定期评估。绝大部分评估是外包完成，但也有越来越多的执法机构由内部人员完成评估任务。

二、经合组织推荐的框架流程

在总结各种方法优劣及已有经验的基础上，经合组织将反垄断执法经济效果事后微观评估的基本步骤总结如下：

1. 选择评估决定

执法机构每年作出的执法决定很多，对于是否挑选案件进行事后评估通常需要考虑决定的性质、数据可用性、学习机会、推动评估的具体利益，以及自决定以来所经过的时间。

选择评估对象要考虑执法决定的性质。某些类型的决定比其他类型的决定更容易被评估，因为其可能采取的替代决定更容易被构建，并且必要的数据收集更为容易。在实践中，对兼并审查的事后评估最为常见，也有少量评估是针对滥用市场支配地位而进行的。需要注意的是，对卡特尔的评估从法律角度看，与对兼并、滥用和垂直协议决定的事后评估的性质有所不同。在绝大部分法域，卡特尔属于本身违法，法律对其没有效力，因此对卡特尔的事后评估并不涉及相关决策是否具有合理性。因此，对卡特尔的事后评估在评估卡特尔实施者造成损害的程度以及确定罚款是否有效阻止未来违规行为方面是有用的，但这些研究并没有揭示任何关于具有谴责意义的执法决定是否恰当的信息。

模拟和其他计量方法在执法评估中的应用以市场数据和信息为基础，在考虑执法评估方案时必须考虑相关数据获取的方式和难易程度。限于成本考虑，执法机构不可能评估所有的决定，因此，经合组织建议应该将重点放在那些可能提供最大学习机会的决定上。这些决定或是争议较大的案件，或是对经济影响较大的案件，如美国 FTC 就对石油行业和医院的兼并进行过事后评估，因为这两项兼并本身具有争议且对经济影响较大。应当注意，即使这样，选择评估对象也不能保证每项评估都能有所发现。

决定后经过的时间也是一个需要考虑的因素。时间的流逝确保了决定的效果是稳定的，而不仅是暂时的调整，例如，如果允许合并的决定其背后的一个重要假设是减少市场进入的难度，就应该允许有足够的时间让新的市场参与者能够进入，且稳定地在市场上运作。如果效率在决定中发挥作用，应当考察这些效率可否长期被利用并转移给消费者。因此，如果没有足够的时间，确定这些效率是否会实现可能是非常困难的。然而，决定与评估之间的时间越长，就越可能会发生与决定无关的其他事件并影响市场变量。这不可避免地使评估决定所产生的影响变得复杂化。创新和快速变化的市场比相对成熟的市场更有可能受这一问题的干扰。因此，有必要在确保表现效果特别是效率驱动的影响所需的时间和发生新事件的风险之间寻求平衡。有学者认为应该设定时间表，以便捕捉决定带来的所有主要影响，总的来说，经合组织认为在一个合并发生的三年后对其评估较为恰当，对于具有非常动态和创新的市场而言，可以缩短为两年。

应当注意，在确定评估项目时，执法机构还可能存在选择性偏见。例如执法机构基本不会选择评估竞争的并购决定，这会导致决定样本可能是带有偏见的，即不能在统计上代表可以评估的原始决定，在应用和分析评估结果时也要考虑到这一问题的影响。

2. 选择评估主体

评估团队可以是内部人士，也可以是外部独立主体。前者较之后者在获取信息和原始决定文件方面可能面临较少的机密性限制。内部评估对于行政机构的工作人员来说可以是一个很好的发展和能力建设的机会。选择内部团队的另一个好处是处理原始案件的员工可以提供有价值的背景知识。然而，内部团队可能受到执法机构不可预测的工作负载的限制，以及评估人员有可能缺乏必要的专业知识。一个内部团队也可能比外部团队更容易忽视一些错误或者避免批评所属的机构和同事。此外，即使内部团队在评估中是非常公平的，任何积极的调查结果还是可能被外部人士怀疑。

比较而言，选择外部团队可能会更好地控制时间，并可确保提供所有必要的最先进的技能。这样的团队在评估中也可能更客观。但是，应该考虑聘请外部评估人员可能是昂贵的，在查看案件文件时可能存在保密问题，而且执法机构可能难以通过评估获得技术性经验。此外，由于没有参与先前的执法，外部团队的评估可能缺乏重要的背景知识或理解。基于上述考虑，当使用外部团队时，执法机构仍然应当让部分工作人员参与评估过程，以确保其质量。

另一个比较好的方案是内部团队搭配外部顾问。该顾问可以验证分析技术质量，并在必要时帮助改进。这可以同时确保研究的客观性和评估团队的技术能力。总体而言，经合组织建议选择参与评估团队的人员应考虑以下主要因素：在完成日期之后的预期期限和时间灵活性、内部工作量的可预测性、评估所需的技能、可以受技能和决定影响的市场知识、资源成本和保密限制。但也有可能市场参与者更愿意就市场如何演变为外部团队提供信息和意见，以便能够保留从评估中得出的知识和经验。

3. 识别反事实

反事实指在不同条件下有可能发生但违反现存事实的事件，在反垄断执法中是指与反垄断执法决定相反的情形。通常单个执法决定可能有多于一个的反事实，例如，执法机构对一项合并申请予以附条件通过，则反事实有三种：一是如果该决定被禁止，相关市场如何演变；二是如果合并申请被无条件通过，则相关市场如何演变；三是如果合并申请被附条件通过，但所附条件与原始决定不同，则相关市场如何演变。为了确定具体决定的所有可能的反事实，有必要了解案件最初审查时考虑的选项。在确定了可能的反事实之后，应该选择在事后评估中考虑哪些反事实情境。通常，为了使分析更易于管理，仅选择一种反事实，并对此情境进行事后分析。这种反事实一般代表了最终执法决定最可能采取的替代方案。当然，在信息和数据充分的情况下，也可考虑多个反事实。如 Friberg 和 Romahn 评估了瑞士啤酒市场上嘉士伯与 Pripps 之间并购的影响，该并购已被瑞典证券交易所附条件批准，所附条件是并购应剥离一些品牌并要求这些品牌被一家小型竞争对手收购。两位评估者考虑了三种反事实：①如果并购被禁止，会发生什么？②如果并购被无条件禁止，会发生什么？③如果并购附有其他限制性条件，会发生什么？随后评估者将并购方的竞争对手作为对照组进行差异分析，他们首先确定如果禁止并购则价格会下降，由此明确了第一个反事实的结果，随后构建了一个结构模型，将实际的并购与另外两个模拟的反事实进行比较。模拟结果表明，如果无条件允许并购，价格会上涨，如果所附条件为剥离品牌被最大的竞争对手收购，价格的有益影响最小①。

4. 选择评估方法

反垄断执法经济效果事后评估的基本原理是衡量执法决定造成的实际影响与反事实情境下的实际影响之间的差异。具体方法的采用取决于评估目标和数据的可得性等因素，经合组织认为主流的评估方法包括如下几种：①基于比较的方法：基于比较的方法使用市场或实时交易中的数据，这些数据未被构建反事实的决定影响，并与实际市场发展情况进行比较。这些方法可以包括：比较决定之前和决定之后受影响市场的变化；比较可比市场之间的变化；两者的组合则涉及受影响市场在决定之前和之后的变化及变化的比较。②基于市场结构的方法：通过经济模型来反映受影响市场如何在反事实情境下演化，这一方法既可用于事前预测也可用于事后评估。③调查和访谈：从市场参与者和行业专家处获取演变的事实信息和数据，并获得他们认为的执法决定的实际影响以及可能产生的替代方案。这非常有助于获取无法量化测算的市场结果。还有一些方法可以尝试确定执法决定的影响，但只能依赖决定可用的信息。这些方法不是严格的事后方法，如事件研究法。

基于比较的方法和基于市场结构的方法通常需要使用计量经济学技术和统计测试。使用计量经济学技术还允许分析师以系统的方式控制其他潜在的解释因素，借此可以肯定地提供决定与确定的影响之间的因果关系。这些定量方法

---

① FRIBERG R & ROMAHN A. Divestiture requirements as a tool for competition policy: a case from the Swedish beer market [EB/OL]. [2019 - 04 - 20.]. http://pzp.hhs.se/media/7362/divestitures_resub_dec27_2013.pdf.

在正确应用时是强大的，但也有一些缺点。他们往往对潜在的假设、比较对象选择的竞争模式以及模型中的参数非常敏感。因此，评估人员必须有明确的假设，确认分析的局限性，并检查结果的鲁棒性（robustness）。为了获得可靠的结果，恰当的评估设计是至关重要的，但即使这样，定量方法也只能提供佐证而非确凿的结论。

在某些情况下，应用这些技术所需的定量数据都不可用，这可能是因为这些信息是不可访问的，如受决定影响的各方拥有权限但不愿意分享，或者是因为市场参与者尚未收集或保存数据，还可能是因为数据本身就不存在，其他相关因素还有如质量和创新难以量化等。在这种情况下，决定的影响只能通过更多的质量评估来确定，这些评估依赖于市场参与者和行业专家的意见，以及案头研究和文献研究完成。

5. 确定要学习的变量

如前所述，为了确定一个决定是否适合研究者，应该评估其对所有关键市场变量，如价格、质量和品种的实际影响。但通常大多数定量评估的重点在于价格变化，因为这个变量的数据更容易获得。但是质量和品种也很重要，在分析决策的影响时不应被忽视。文献研究显示学者关注的变量比较多样化，从最为常规的价格、产量、品种变化到研发支出、销售、注册专利数量、员工、获取服务的时间等各种评估指标。

6. 收集数据和信息

经合组织认为收集数据和信息是评估实施时至关重要的一环，信息来源可能是官方的也可能是民间的，或者是网络上的数据，可能是免费的也可能是昂贵的。没有好的数据，很难进行可靠的分析。此外，数据的质量限制了使用方法的选择，以及可以执行的鲁棒性检查。缺乏数据经常被引述为事后评估的主要障碍。事实上，大多数机构没有权力迫使市场参与者提供信息，以进行事后评估。因此，他们必须依赖从公共和商业来源获取的信息，以及市场参与者自愿提供的数据。少量机构也在尝试建立长期市场监测机制，这无疑将为事后评估提供较为坚实的数据基础。

经合组织非穷尽式列举的数据来源包括：①调查从被执法对象处直接获取的数据信息，这种数据信息无疑是最为可靠的，但若不是在执法期间为抗辩所提交，这类对象不一定愿意披露市场信息。②从被执法对象的竞争对手、客户和供应商处获取信息。这些对象可能没有最初调查的当事方出售的价格和数量信息，但他们可能有关于市场在决定发布后如何演变的有用信息。此外，他们可能会提供在替代假设的情况下有价值的意见，这有助于建立反事实情境下的市场演变模型。专攻市场决定的学者或市场分析人士，可能掌握有关市场演变的有用信息，以及在其他假设情况下市场如何发展的信息。③原始的执法决定相关文件。但须注意官方文件在部分法域可能存在使用限制。④商业数据库。在某些市场，有些公司会系统地收集商品价格和数量的分类数据。这些信息可以买得到，虽然可能比较昂贵。⑤在某些部门，一些出版物或网站定期收集和公布市场上销售的商品和服务的平均价格和数量，有时甚至还有更多分类数据。贸易协会也可能是这类数据的一个好来源。⑥在许多行业中，有专门的公司定期报告市场发展趋势，提供大量的定性和定量信息。⑦官方的政府统计机构收集关于在评估期间许多有用的变量数据。⑧股票价格数据库也可以提供信息，股市数据对于应用事件研究法进行执法评估尤其有用。⑨此外还有从报刊报道、会计数据、学术期刊或其他调研渠道获取的信息。

数据的时间维度也很重要，因为它会影响结果的可靠性。评估需要作出决定之前一段时间的信息，以便建立反事实情境，以及从作出决定起一段时间内的数据来确定某项决定造成的影响。这两个时间的长短取决于所审查的决定类型、受影响市场的性质和所采用的方法。例如，对于事件研究法，在作出决定后的这段时间（无论使用哪一个事件）通常不会很长，只需几天就可以了。对于其他方法，时间必须更长，通常跨越两年。

7. 进行分析

评估的核心是对决定所造成的影响进行实际评估，这里要确定关键的市场信息相对于反事实的变化。如何评估效果取决于分析所要关注的变量和所选择的方法，但无论采用哪种方法，都要确定关键变量在决定之后是如何演变的，确定相同的变量在反事实中是如何演变的，以及确认这一决定是否导致了比反事实中出现的结果更好的效果。实践中，执法机构会将决定的效果评估与作出决定的分析的有效性评估相结合。

8. 验证结果的鲁棒性

鲁棒性原是统计学中的一个专门术语，其含义是指控制系统在一定结构的参数影响下，维持其他某些性能的特性，即系统的健壮性，是在异常和危险情况下系统生存的关键。鲁棒性控制方法适用于将稳定性和可靠性作为首要目标，同时过程的动态特性已知且不确定因素的变化范围可以预估的研究和应用。这显然符合反垄断执法经济效果事后评估的特点，因此在评估后需要验证结构的鲁棒性。

　　一项评估的可靠性应从其结果可以测试或核对的程度来获知。统计测试是检查定量结果可靠性的常用方法。当使用计量经济学方法评估时，可以用估计方程的不同规格进行分析，或者使用不同的估值器替代控制变量，从而能够测试结果的灵敏度和分析的具体结构。

　　除了标准的健壮性检查之外，评估人员还可以使用其他方法。对市场参与者的调查和访谈是一个很好的方法，因为该方法具有普遍适用性，且有助于确保没有其他影响市场的因素被忽视。Buccirossi、Ciair 和 Duso 建议在可行的情况下，应始终进行调查，以增加洞察力，并帮助解释通过其他技术获得的结果，以及获得数据分析等其他技术①。

　　另外，评估人员还可以借鉴各种信息来源确保所有证据支持结果来检查结论的可靠性。例如，Aguzzoni、Argentesi 和 Ciari 采用双重差分法评估英国两大连锁书店之间的合并效应。执法机构在其决定中声称零售价格是在全国范围内设定的，但评估人员发现价格在地区层面有变化，因此该分析采用了国家和地方两个市场，评估人员使用不同的控制组来测试他们结论的稳健性。此外，他们还对所有主要市场参与者进行调查，以核实其价格，并试图确定该决定是否对质量或品种有影响②。

　　经合组织建议在作出结论时，最好说明影响一个执法决定的因素以及这些因素与结果之间存在因果关系的确定性程度。对于相关评估的局限性要作说明，例如某些结果对特定的假设非常敏感，则应该清楚地强调这一点。如果由于缺少数据或时间，只进行了有限的可靠性测试，应清楚指示任何可能存在的不确定性来源。

9. 得出结论及相关教训

　　要确定一项决定的实际效果，仅评估在作出决定后关键变量如何发展是不够的，因为这些变化可能是由其他事件引起的。使用多元回归分析控制其他潜在的解释性因素可以解决这一问题。要确定这些潜在的解释性因素是什么，需要了解市场是如何演变的。对市场参与者的调查和访谈有助于了解这些因素在多大程度上可能在改变消费者福利方面起到了作用。经合组织认为，需要考虑的因素包括：是否有新的厂商进入或退出（不仅在受影响的市场）；规章制度

---

　　① BUCCIROSSI P, CIARI L & DUSO T. Ex-post review of merger control decisions [EB/OL]. [2019 – 04 – 10]. http://ec. europa. eu/comm/competition/mergers/studies reports/lear. pdf.

　　② AGUZZONI L, ARGENTESI E & CIARI L. Ex-post merger evaluation in the UK retail market for books [EB/OL]. [2019 – 04 – 10]. http://www. diw. de/documents/publikationen/73/diw_01. c. 424381. de/dp1310. pdf.

和法律环境是否有变化；在审查期间是否有其他重要的执行决定；生产和销售成本有无变化及如何变化；技术发展如何，新的产品或商业模式是否出现；消费模式有无变化，运输成本或进出口条件是否有所变化等。根据市场的特点和促成最初决定的论据，可以将更多的因素纳入考虑范围。

事后评估的最后一步是得出结论。可以从评估中得出有益的教训，表明作出的决定是适当的，也可从评估中发现决定不是最适当的。然而，在从评估中得出一般结论时，非常重要的一点是要考虑案件的具体情况，并确定评估结果可能在多大程度上具有普适性。市场的发展和具体决定导致某些影响的条件可能不再存在。通常从少量的案件研究中获取经验是比较困难的，但如果一个执法机构经常参与其决定的事后审查，可能更容易观察到能够帮助其未来制定决定的方法和技巧。例如，英国竞争委员会在 2009 年对 2004—2006 年间达成的八项合并决定进行了评估，决定涵盖：同意、有条件的许可和禁止、各种行业和一系列分析问题，例如协调和单边效应、价格和质量竞争，国家和本地市场。事后审查建议对合并指南进行若干修正，涉及用于界定当地市场的标准，在何种情况下使用市场份额或集中指数，以及在定义市场界限时如何自洽。另外，20 世纪 90 年代，美国联邦贸易委员会接连在四起针对农村地区医院并购的诉讼中败诉。法院根据并购医院方经济学专家证人依靠艾京格—霍加迪检验法（Elzinga-Hogarty Test）对患者流量数据分析的结果，认为地理市场非常宽泛，包括远距离大城市。通过艾京格—霍加迪检验法观察到并购发生前，相关农村市场存在大量患者流出，前往远距离大城市医院就医的现象。因此农村市场中的医院具有高度可替代性，远距离大城市可被纳入相关地理市场。当远距离大城市被纳入相关地理市场时，涉案并购看起来对竞争没有显著影响。因此，法院裁定这些并购不太可能损害消费者的利益。由于法院重复采用上述地理市场界定方法，联邦贸易委员会停止了对医院行业横向兼并的挑战。2002年，联邦贸易委员会宣布对上述医院的并购进行事后评估。该项评估的目标是确定一系列医院并购对市场的影响。其中两项研究表明，在患者流出量大的地区发生的本地医院并购完成后，本地医疗价格涨幅巨大。两项研究均使用了双重差分法对芝加哥地区和加利福尼亚州的医院并购进行了回顾性研究，以评估并购中的反垄断执法是否合适，研究利用保险公司的详细索赔数据，将并购后的价格变动与一组控制组医院的价格变动进行比较。其研究结果显示，并购后医院医疗价格涨幅是同一地区任何类似医院中涨幅最大的，这反映出这次并购交易可能是反竞争的。这些研究还表明，艾京格—霍加迪检验法所谓的高患者流出率意味着高的替代价格弹性并不成立，实际上恰恰相反，高患者流出率其实正是本地医院无法和大城市医院形成有效替代的表现，由此也证明艾京格—霍加迪检验法在确定医院相关地理市场时是无效的。基于此项事后评估结论，联邦贸易委员会再次开始在法院挑战医院并购案件，2008 年至今，联邦贸易委员会已经成功阻止了六家医院的并购①。

① DANIEL H, NATHAN M & MATTHEW W. Ex-post merger evaluation: how does it help ex ante? [J]. Journal of European competition law & practice, 2016.

第二章　事后评估的方法

反垄断执法是对企业定价及经营活动等各方面的干预，甚至是某种程度的控制和破坏，与之相关的问题是：反垄断执法机构是否正确判断了反竞争行为？是否实施了正确的干预措施？上述两个问题都需要评价反垄断决定及干预的经济效果及福利效应。国外评估实践和相关文献对反垄断执法经济效果事后评估机制的研究可按照不同目标和对象进行区分，如事前评估和事后评估、对具体个案的评估和一类执法的评估、对微观经济效果的评估和对宏观经济效果的评估等。从评估方法看，所有可用于事前评估的经验和计量经济学技术也适用于事后评估，对具体个案进行评估的方法可以用于对一类执法的评估，但对微观经济效果评估的方法和对宏观经济效果评估的方法有所不同。本部分将在对文献加以梳理总结的基础上，区分微观经济效果评估和宏观经济效果评估的不同方法，并对此加以介绍和讨论。

第一节　微观定性研究

定性研究（Qualitative Research）与定量研究（Quantitative Research）相对应，是提供对问题的见解的研究方法。该方法被广泛应用于在观察和解释的基础上深入了解人们行为、经验、态度、意图和动机，以获得人们的思考和感受。从理论角度看，定性研究不采用数学的方法，而是根据评估者对评估对象状态或文献资料的观察和分析，直接对评估对象作出定性结论的研究。定性研究在政策效果评价领域是一种被广泛采用的工具，该方法通常收集政策所针对对象的看法和反馈，或者专家的知识、经验和判断来评估政策效果。定性研究强调观察、分析、归纳与描述。

就应用于反垄断执法经济效果的事后评估而言，定性研究可以提炼问题，并提供特定执法后的效果从而得出部分结论。该方法的局限在于对市场变量决定影响的评估可能不太精确。此外，使用这一研究方法时，决定与所产生的影响之间的因果关系可能不太确定。定性研究不需要复杂的技能，但同样需要遵循严格的流程。

一、法院判决

根据"司法最终解决"原则，反垄断执法机构的执法行为受到法院司法审查的约束。各国反垄断法的实施中一般都明确规定反垄断司法是反垄断法实施的最终救济手段。如在美国联邦贸易委员会审结的任何案件中，只要当事人不服，均可向联邦上诉法院上诉并可最终上诉到联邦最高法院。联邦贸易委员会发布的任何命令除非当事人不申请复审，或命令已得到法院的确认，或复审申请被驳回，否则不能作为终局性命令执行。司法审查也是欧盟竞争规则实施机制的重要组成部分。欧盟法院通过法定程序，对欧盟委员会对在反托拉斯过程中的调查、决定、处罚等行为的合法性、合理性实施审查，有效地规范了欧盟委员会权力的行使，同时也在司法实践中不断发展了欧盟反托拉斯规则。对于采取行政主导模式的反托拉斯执法而言，司法审查的作用在于维护两种重要的平衡关系：一是反托拉斯执法活动的效率与程序正当性之间的平衡；二是反托拉斯执法所要实现的公平竞争与其他受法律保护的权益之间的平衡①。在世界贸易组织的有关规则中也包含司法审查的要求②。

法院对反垄断执法的监督和制约主要表现为对执法决定的司法审查。从评估角度看，法院对反垄断或竞争执法中法律争议的认定通常需要审查执法机构和被执法对象的诉求和证据，包括经济学证据的有效性，因此可以视为对执法决定的一种事后评估。在法庭上是否维持一项决定可能被认为是反映该决定性质好坏的第一个迹象。如果法院维持竞争管理机构在某些领域作出的决定，可以得出结论，即基本的政策准则得以遵守。尽管从法学角度看，在法庭上的辩论与其说是定性研究，不如说是规范分析或者价值分析，但其本质仍然符合定性研究的特征③。

---

① 李滨. 从欧盟反托拉斯规则的司法审查看中国《反垄断法》之完善 [J]. 东方法学，2011 (1).

② 游钰. 论反垄断执法的司法审查 [J]. 中国法学，2013 (6).

③ KATERINA L & MELISSA C. Qualitative methods for law review writing [J]. The University of Chicago law review，2017 (84)：213.

二、调研和访谈

对于合并提案或所谓的反竞争行为的事前评估，竞争执法机构可以调研被执法对象、受影响的市场主体和消费者，或者依靠竞争对手、供应商和客户完成采访或问卷调查，事后评估可以同样依赖这些信息。采访和问卷调查是访谈员通过询问获取数据的两种方法。它们都是用于收集重要数据的方法，无论是用于产品营销，还是从社区问题中收集信息。"调查"是一个总括性术语，包括问卷调查、访谈、观察方法等收集信息的工具，其中问卷调查是进行调查的最佳、最快捷和最经济的方式。

为确保调查和访谈的真实性及其研究价值，使用者需要遵循共同的流程和原则。调查的大致流程包括识别并选择潜在的样本成员、联系抽样的个人并从难以接触或不愿回应的人那里收集数据、评估和测试、选择提出问题和收集回复的模式、培训和监督访谈员、检查数据文件的准确性和内部一致性，以及调整调查估计值以纠正已识别的错误。由于调查研究几乎总是基于人口样本，因此研究成功与否取决于样本是否代表研究人员感兴趣的目标人群。在这个过程中产生的一个常见错误是选择偏差。当选择样本的程序过度代表人口的某些重要方面时，会产生选择偏差。调查方法的选择受到几个因素的影响，包括成本、覆盖目标人口、提问的灵活性、受访者的参与意愿和响应的准确性。具体方法则可以是电话访谈、邮件在线调查、入户调查、街头拦截调查，以及发放问卷。

调查问卷是调查研究中最常用的工具。但是，如果调查问卷的问题设计有缺陷，那么特定问卷的结果就毫无价值。问题的表达方式会对研究参与者如何回答问题产生重大影响。因此，调查研究人员在撰写调查问题时必须意识到他们的措辞，不同的个体、文化和亚文化可以从不同角度诠释某些单词和短语。问题设计可以有两种形式：开放式问题和封闭式问题。前者要求受访者回答问题的态度是开放式的，而后者通常是要求受访者作出多种选择。一般来说，问题的词汇应该非常简单和直接，且项目的措辞应该注意规避偏见。调查研究人员还应在问卷中仔细安排问题的顺序，并建构检测问卷结果可靠性的框架。①

---

① SHAUGHNESSY J, ZECHMEISTER E & JEANNE Z. Research methods in psychology [M]. 9th ed. New York：McGraw Hill, 2011：161 - 175.

第二节 微观定量研究

除使用调研、访谈等定性方法了解反垄断执法效果以外，定量研究是个案执法效果评估的主要工具。主要的定量研究方法包括模拟方法和双重差分法。

一、经济学模拟

建立一个包含完全指定的市场结构模型并评估执法效果是执法机构和学术界最为常用的方法。该方法分为三个步骤：第一步是在考虑个案中执法对象的产品、产能、协同性特点的基础上，建立基于寡头市场特征和博弈论的结构模型，辅之以需求校准模型，主要是 Logit 模型或 AIDS 模型。第二步是修正模型参数，这种修正可能是基于直观的数据，也可能是基于经济学测算，包括已知的市场份额、价格或者对需求弹性的估计，厂商的边际成本，市场势力的强弱等。第三步则是在执法行为发生后通过校准参数计算新的均衡价格，并进行比较分析。英国 OPT 及欧盟委员会竞争总司采用过 ALM 模型、古诺模型、简易 PCAIDS 模型评估特定并购干预的价格影响[1]。Davies、Stephen 及 Ormosi 等人则通过对不同并购个案的分析研究了改进并购效应模拟方法的途径，如 Verboven 和 Van Dijk 通过模拟方法研究了卡特尔执法的经济效果[2]。

上述方法本质上是基于完全竞争市场优于垄断市场的经济学假设，垄断市场的价格高于竞争市场的价格。利润最大化的产量设定在当边际收益等于边际成本时，假定边际收益递减而边际成本递增，竞争市场和垄断市场的生产者面临不同的边际收益曲线，因此垄断市场价格高于竞争市场价格。Posner 指出："竞争企业是价格接受者，所以其边际收益等于其物品的价格。而垄断者增加一单位产量时，就必须降低每一单位产品的销售价格，而且，这种价格下降减少了它已卖出的各单位产品的收益。因此，垄断者的边际收益小于其价格。"[3]

经合组织认为，基于市场结构的方法建立在充分掌握市场竞争模式的基础

① DAVIES S. A review of OFT's impact estimation methods, OFT 1164 [EB/OL]. [2019 – 11 – 11]. http：//competitionpolicy. ac. uk/documents/107435/107584/oft1164. pdf.

② DAVIES, STEPHEN W & ORMOSI L P. A comparative assessment of methodologies used to evaluate competition policy [J]. Journal of competition law and economics, 2012, 8 (4)：787 – 803.

③ N. 格里高利·曼昆. 经济学原理 [M]. 梁小民, 梁砾, 译. 北京：北京大学出版社, 2009：320.

上，它结构性地规定了市场的需求、供给情况，以及均衡条件，即特定市场的竞争条件。一旦模型的结构参数，通常是需求侧的需求价格弹性和供应方的成本/技术参数，被确定和测量，就可以用于模拟替代市场情境。模拟的三个关键要素是：①相关经济模式的定义和规范：核心要素是需求、供给和均衡条件；②关键结构参数的估计：核心要素是需求弹性和成本参数；③基于所选择的经济模型和估计的结构参数计算反事实情境下的结果。这些步骤可能会带来不同程度的复杂性。经济模型可以是一个非常简单的结构，例如一个简单的、具有同质的良好线性需求的静态模型，也可以是企业通过古诺模型竞争获得的一个更复杂的模型，需要区分产品并进行动态考虑。动态考虑的因素包括消费者惯性、成瘾或需求侧的转换成本，以及供应方、企业的动态投资和创新决策。

1. 需求侧：经济模型和弹性估计

大多数现有研究主要是合并模拟，假设在相关市场上销售的产品是有区别的。在这种假设下，经常实施两种主要方法，以便在市场需求方面提供微观经济基础：①随机效用，离散选择模型；②代表性的消费者模式。

（1）随机效用，离散选择模型。

离散选择模型（Discrete Choice Models；DCM），也叫作基于选择的结合分析模型（Choice-Based Conjoint Analysis；CBC），是社会科学和经济学经常使用的模型工具。离散选择模型的原理为随机效用理论（Random Utility Theory）：假设选择者有 J 个备选项，分别对应一定的效用 U，该效用由固定与随机两部分加和构成，固定效用 V 能够被一定的可观测要素 x 解释，而随机部分 ε 代表了未被观测的效用及误差的影响。选择者的策略为选择效用最高的备选项，那么每个备选项被选中的概率可以表示为其固定效用的函数：$P = F（V）$，函数的具体形式取决于随机效用的分布。在大多数模型设定中，可见固定效用 V 被表述为可观测要素 x 的线性组合形式，即 $V = \beta x$，β 为系数，其取值和显著性水平可由观测数据估出[①]。

该模型通常在实验设计的基础上，通过模拟所要研究产品和服务的市场竞争环境，来测量消费者的购买行为，从而获知消费者如何在不同产品/服务属性水平和价格条件下进行选择[②]。选择行为通常包含四个要素：①决策者（Decision Maker）；②备选方案集（Alternatives）；③各个方案的属性（Attributes of Al-

① DANIEL L，FADDEN M，et al. Statistical analysis of choice experiments and surveys [J]. Marketing letters，2005（16）：123.

② 聂冲，贾生华. 离散选择模型的基本原理及其发展演进评介 [J]. 数量经济技术经济研究，2005（11）：23.

ternative）；④决策准则（Decision Rules）。离散选择模型主要用于测量消费者在实际或模拟的市场竞争环境下如何在不同产品和服务中进行选择。通常是在正交实验设计的基础上，构造一定数量的产品和服务选择集（Choice Set），每个选择集包括多个产品/服务的轮廓（Profile），每个轮廓是由能够描述产品/服务重要特征的属性（Attributes）以及赋予每个属性的不同水平（Level）组合构成。

离散选择模型的一个重要假定是：消费者是根据构成产品/服务的多个属性来进行理解和选择判断。另一个重要假定是：消费者的选择行为要比偏好行为更接近现实情况。它与传统的全轮廓结合分析（Full Profiles Conjoint Analysis）都是在全轮廓的基础上采用分解的方法测量消费者对某一轮廓（产品）的选择与偏好，对构成该轮廓（产品）的多个属性的选择与偏好，用效用值（Utilities）来描述。但是，它与传统的全轮廓结合分析的最大区别在于：离散选择模型不是测量消费者的偏好，而是获知消费者如何在不同竞争产品里集中进行选择。因此，离散选择模型在价格研究中是一种更为实际、更有效、也更复杂的技术[①]。

不同版本的随机实用模型如 Logit 模型、嵌套 Logit 模型或随机系数模型已被用于模拟消费者选择。Logit 模型（Logit Model，也译作"评定模型""分类评定模型"，又作 Logistic Regression，"逻辑回归"）是最早的离散选择模型，也是目前应用最广的模型。

（2）代表性的消费者模式。

第二种方法是以多样性喜好为代表的消费者模型，是更传统的新古典主义需求模型。近似理想需求系统模型（An Almost Ideal Demand System；AIDS）是在效用水平一定的前提条件下，算出消费者达到支出最小化的消费选择。AIDS 模型系统描述了在某一特定时期，家庭内部如何分配各种消费品，其假设前提是这一阶段的家庭总支出已知，该模型具有明显的优势：足够简单，能对任何一种需求模型给出一个任意的第一位近似值；能满足微观经济学选择公理，而且还能完美地聚合消费者而不通过调用恩格尔曲线；该模型有一个由家庭预算数据构成的功能形态；能通过在固定参数上的线形约束来进行同次性和对称性检验。

离散选择模型假设消费者的选择取决于价格和产品特性。在 AIDS 模型中，需求函数来源于消费者购买产品的支出最小化问题，以最大限度降低至一

---

① AMEMIYA T. Qualitative response models：a survey［J］. Journal of economic literature，1981（19）：1483－1536.

定水平的效用的总成本。与离散选择模型相反，没有对需求函数施加任何规范要求。因此，AIDS 模型更灵活，但对于估计的参数数量也要求更高。

2. 供应方：边际成本估算

结构性需求估算对于供应方的校准或估计至关重要，因为交叉价格弹性是每个不完全竞争模型的关键因素。事实上，在具有差异化商品的市场中，公司为其每个品牌选择的标志，无论是商标或其他标记，均被视为对其市场力量的直接度量，必然依赖于消费者的替代可能性。因此，通过建构适宜的替代模式，可以最好地衡量市场结构变化的影响，如并购或兼并补救。

在大多数模型中，供应方的关系通过寡头垄断竞争的静态模型来表示。多产品公司在价格竞争上遵循伯特兰—纳什（Bertrand-Nash）均衡。模型的假设为：①各寡头厂商通过选择价格进行竞争；②各寡头厂商生产的产品是同质的；③各寡头厂商之间没有正式或非正式的串谋行为。这些模型的逻辑如下：当产品价格上涨时，所有其他品牌的需求都随着消费者用更廉价的产品替代现有昂贵的产品而增加。多产品公司只考虑定价外部性，它不关心竞争对手持有产品的利润变化，其一个品牌的价格变化对其拥有的其他品牌的需求产生影响。因此，价格边际变动的影响将由交叉价格弹性，即价格外部性以及品牌是否属于同一企业共同决定。后一个要素通常被称为所有权矩阵，即包含××商品由××厂商生产的信息矩阵。

在这些基于均衡概念的假设下，凭借交叉价格弹性以及所有权矩阵，则可以从均衡价格成本中去除边际成本利润。特别是在差异化产品的简单静态模型和伯特兰—纳什均衡价格竞争中，边际成本估计等于观察价格减去估计加价。后者等于单个产品公司模型中剩余需求的价格弹性的倒数。在具有多产品公司的模型中，标价更加复杂，这也取决于多产品公司生产的所有商品之间的交叉价格弹性。

3. 模拟

使用估计需求、供给方参数以及假设的经济模型，可以模拟由于市场结构的变化而导致的新的均衡价格、市场份额、消费者福利的变化和生产者的利润，并进而检讨政策变化，如竞争执法决策引发的市场要素变动。

模拟最早用于横向兼并的事前模拟，即在决定此并购是否被授权，确定其对市场可能产生的影响之前进行的反事实所有权结构的模拟。一个典型的例子是考虑一家公司从另一家公司收购一些品牌所带来的变化和影响。模拟包括假设由企业生产的产品 A 将由另一家公司 B 生产，该公司可能是收购公司或合并实体。然后，研究人员可以根据给出的结构参数计算出这种修改后的经济平衡模型。在具有 J 个产品的市场中，新的经济平衡模型取决于在解决 J 个一阶条件和 J 个需求方程的同时系统计算的价格和数量。在该步骤中，将估计的结构参数视为常数，即假设偏好和技术在反事实情境中不改变。在新经济平衡模型中进行事前兼并模拟，收购公司内部将调整旧产品和新产品价格；而销售公司将根据出售品牌的需求消除内部价格外部性，这导致不同的均衡价格。可以通过将现有方案中的这些措施与模拟世界中的措施进行比较来计算消费者福利和企业利润随之而来的变化。

美国反垄断法执法机构使用合并模拟分析的第一个案件是 1995 的 Interstate Bakeries 公司收购 Continental Baking 公司案。Interstate Bakeries 公司和 Continental Baking 公司属于美国三大白面包生产商，美国司法部认为合并将导致 Interstate Bakeries 公司垄断南加州和中西部的白面包市场。Werden 教授提交专家报告，提出了 SSNIP 分析、弹性估计和合并模拟等经济证据。他假设白面包市场为一个伯川德（Bertrand）产业，选用 Logit 模型来模拟洛杉矶和芝加哥两地相关企业合并后的价格。随后在 Kimberly-Clark 公司收购 Scott Paper 公司案中，美国司法部预计合并会引起面巾纸和婴儿湿巾产品的价格上升，从而损害竞争，因而打算附加资产剥离条件通过该合并。Kimberly-Clark 公司聘用 Hausman 和 Leonard 两位教授为经济顾问为自己进行辩护，Hausman 和 Leonard 建立了一个多层次需求模型，使用 1992 年至 1995 年的周扫描数据来模拟卫生纸市场的价格效应。结果表明，在不考虑效率时，Kimberly-Clark 公司和 Scott Paper 公司旗下的三个卫生纸品牌价格在合并后分别上涨 24%、12% 和 14%，几乎可以视为价格不变。如果考虑效率的话，价格效应将更低，甚至为负值。在 1997 年 Staples 公司合并 Office Depot 公司案中，FTC 以 4∶1 的票数否决了该项合并，理由是考虑到该合并可能会对竞争造成损害，并且可能导致"由办公用品超市所销售的办公消费用品"出现更高的价格。针对 FTC 的裁决，合并双方向法院提出了异议。1997 年 6 月 30 日美国哥伦比亚特区联邦地区法院同意 FTC 的裁决，合并被否决。2001 年的 GE 公司收购 Honeywell 公司案受到美国反垄断执法机构和欧盟委员会的双重审理。在该案中，美国和欧盟使用了不同的合并模拟模型，最终使得美国和欧盟的判决结果不一致，美国当局在附加资产剥离条件之后批准了该合并计划，而欧盟委员会认为 GE 公司提供的补救措施不足以解决限制竞争问题，因而禁止了该计划①。

---

① 刘丰波，吴绪亮. 单边效应与合并模拟的研究进展及判例评述［J］. 产业组织评论，2011（5）.

模拟也被用于对执行决定（主要是并购决定）的影响进行后期评估。在这种情况下，可以使用实际的数据来填充模型，如果模型正确地描绘了市场的运作方式，模拟可以准确估计决定对所有关键的市场变量，如价格、成本、利润以及福利的影响。在事后而不是事前评估中使用这种方法时，必须牢记一个重要方面，即应该使用哪些数据来估计需求和供应参数。在理论上，需求参数不受政策决策的影响，由于消费者的偏好被认为是外生的，所以边际成本实际上在合并的情况下应该受到政策变化的影响。这将要求在估算合并边际成本后使用事后数据。在数据不足时，可以考虑采用两种类型的简化版本模型，即反托拉斯 Logit 模型（ALM）和比例校准的 AIDS 模型（PCAIDS）。对此，学界一个典型例证是 Tenn 和 Yun 对强生—辉瑞并购案的事后评估。

2006 年 6 月，辉瑞与强生公司达成协议，以 166 亿美元的价格出售其消费者健康部门。辉瑞公司的分部销售额达到 39 亿美元，并且包含许多知名品牌，包括 Listerine 漱口水和 Sudafed 感冒药。拟议交易的绝大部分并不涉及两家公司具有重要影响的地方，但有几处交易引起了反托拉斯机构的关注。为了缓解这种担忧，2006 年 10 月份各方同意以 4.1 亿美元向 Chattem 销售五个品牌，以 5.1 亿美元向 Boehringer Ingelheim 销售 Zantac 品牌。这些资产剥离仅占交易价值的 5% 以上。2006 年 12 月 12 日，FTC 宣布对拟议收购的条款提出质疑，认为该项交易会减少美国市场对非处方（OTC）H2 受体阻滞剂、氢化可的松止痒产品、夜间睡眠助剂和尿布疹治疗的竞争，并同时宣布，强生公司和辉瑞公司同意通过剥离这些类别中的品牌来解决 FTC 的指控，这些品牌包括 H2-Blockers、Hydrocortisones、Sleep Aids、Diaper Rash Treatments、Diarrhea Remedies、Oral Rinses。FTC 要求所有与这些品牌有关的资产被剥离。强生—辉瑞并购交易随后于 2006 年 12 月 20 日完成。Chattem 和 Boehringer Ingelheim 的剥离大约于同年两周后结束。研究人员主要分析了对几个常用销售指标的影响：美元和销量，零售分销和价格。另外还考虑用双重差分法衡量同一产品类别中其他品牌的对照组剥离后的变化。

该研究利用 AC 尼尔森收集的六个产品类别的零售扫描仪数据（H2 受体阻滞剂、氢化可的松止痒产品、夜间睡眠助剂、尿布疹治疗、腹泻治疗和口腔清洗）。这些数据涵盖了美国在食品、药品和大众贸易方面的销售情况，包括从 2005 年 9 月开始（剥离前 69 周，剥离后 87 周）长达三年的周数据，各类品牌的美元份额至少占 1%。在实证分析中，因被剥离的是整个品牌，故数据是按照品牌汇总。由于每个品牌的产品线都包含两种不同的计量单位：丸剂和液体剂型，所以腹泻补救剂的销售量累计是复杂的。这种计量法避免使用不同的度量单位来聚合产品，而是通过估计每个品牌形式组合单独剥离后的销售额变化来聚合。对于其他产品类别也不是问题，因为每个品牌的整条产品线都是相同的形式。

该数据集还报告每个通用产品代码的商店份额。由于认识到商店的规模差别很大，AC 尼尔森在计算产品可用商店的百分比时，会根据每年的美元销售额（含所有产品类别），对每家商店加权。这一措施被称为"所有商品量"（ACV），也是品牌经理和其他从业者用来量化产品零售分布的标准指标（Tenn & Yun）。每个品牌的零售分销以其"总分销点（TDP）"来衡量，这是其产品 ACV 的总和。TDP 衡量每个品牌的平均产品数量。

剥离对价格的影响首先要使用前后差异法（before-and-after）进行评估，该方法评估每个品牌剥离后的变化。然后使用双重差分法进行分析：将每个被剥离品牌剥离后的变化与对照组的变化进行比较。该控制组包括销售份额至少为 5% 的同一类别的所有品牌。

总体而言，结果与剥离成功维持市场竞争前交易水平的观点相一致。基准指标的结果表明：每个被剥离品牌的价格都下降了；其中三个品牌表现出色，而其余三个品牌所经历的大幅度的销售变化似乎并不涉及剥离。这些结果提供了每个品牌的业绩剥离后如何改变的良好意识。然而，从反托拉斯政策的角度来看，关键问题是被剥离的品牌是如何进行资产剥离的，而不是剥离本身。这是一个更加困难的问题，如果没有进行资产剥离，就需要对每个品牌的反事实表现进行假设。上面报告的结果只是假设每个品牌的售后变化完全是由于剥离本身所致，这样才表明剥离的影响。

强生—辉瑞并购案的事后评估所使用的方法主要是基于比较的方法，即前后比较分析法和差异分析法，除此之外，对并购的评估还可能基于市场结构的方法，即模拟、调查和访谈及其他方法。基于市场结构的方法首先假定全面的市场竞争模式，从结构上规定了市场的需求和供给两方面以及均衡概念，即管理相关市场的竞争条件。一旦模型的结构参数（通常是需求侧的需求价格弹性和供给侧的成本或技术参数）被识别和测量，就可以用来模拟替代市场情境。调查和访谈用来收集有关市场发展的信息，以及知情方对反垄断执法决定的看法。然后可以对这些观点进行交叉核对和分析，结合可用的事实信息，用于确定决策。事件研究法使用股价来确定公司是否从合并中受益或受到影响，并根据这些信息得出关于执法决定效果的结论。以上提到的评估主要以并购所附的条件成功解决竞争问题为标准，除此之外，美国执法机构也将消费者福利作为重要的事后评估标准，认为兼并不仅不应该引发竞争问题，更不能对消费者造成负面影响①。消费者福利是消费者愿意为他们获得的每个产品单元（即消费者的支付意愿）支付的价格和他们实际支付的价格之间的差额。一般来说，消费者福利在下列情况下增加：相关商品或服务价格下降；总产量提高；食品或服务的质量提高或品种增加，从而增加了消费者的支付意愿。

二、准实验方法：双重差分法

双重差分法（DID）最常用于衡量对价格水平的影响。双重差分法（difference-in-difference，DID）是近年来计量经济学定量评估公共政策或项目实施效果的常用方法，也被称为"自然实验方法"，即非随机分配政策实施组和对照组实验的一种研究方法。在干预效果评估方面，DID 模型通过将"前后差异"和"有无差异"有效结合，一定程度上控制了某些除干预因素以外的其他因素的影响；同时在 DID 模型中加入其他可能影响结局变量的协变量，控制干预组和对照组中存在的某些疑似影响因素，来补充"自然实验"在样本分配上不能完全随机这一缺陷，因而得到对干预效果的真实评估。从实用角度看，该方法构造模型所需满足的条件较少，这也是该模型广为应用的重要原因之一②。

双重差分法在评估反垄断执法的经济效果时，通常将反垄断执法决定作为实验变项，受到反垄断执法决定影响的样本为实验组，未受影响的为控制组，进而比较有并购存在的市场的价格与不存在并购的市场的价格，或比较卡特尔订立之前、之后的价格，以及被禁止后的价格来评估竞争政策执法的效果。具体而言，实验变项为执法干预，受到执法干预的样本为实验组，否则为控制组。记样本的分组虚拟变量为 d^j，实验组的 $d^1 = 1$，表明该组样本受到执法冲击，控制组的 $d^0 = 0$，表明没有受到执法干预。记录所有样本的时间虚拟变量为 d^t，实验处理前 $d^0 = 0$，实验处理后 $d^t = 1$，表明执法冲击已发生。时间虚拟变量与分组虚拟变量的乘积即为双重差分估计量 d_t^j，双重差分估计量模型表述为：

$$y_{it}^j = a_0 + a_1 d + a_2 d^j + \beta d_t^j + a_3 x_{it}^j + \varepsilon_{it}^j$$

---

① DAVIES S & ORMOSI L P. The impact of competition policy：what are the known unknowns？［J］. CCP working paper, 2013（13）：7.

② 叶芳，王燕. 双重差分法模型介绍及其应用［J］. 中国卫生统计, 2013, 30（1）.

y_{it}^{j} 为第 t 个个体的被解释变量，x_{it}^{j} 为考察个体差异的控制变量，ε_{it}^{j} 为随机扰动项，α、β 为回归系数。β 即为执法决定的效果。

在并购管制效果的评估方面，Tenn 和 Yun 运用双重差分法分析了美国强生—辉瑞并购案中 FTC 资产剥离裁定的经济效果，其研究将被剥离的六个品牌作为实验组，同样产品领域的其他品牌设为控制组，通过前后差异方法比较了两组在销售额、零售分销及价格上的变化。其他研究包括 Ashenfelter 和 Hosken 研究了五起美国并购案的价格影响，该研究选取的影响对象是在同行业中销售的自有品牌产品。Connor 等人使用包含 3 500 家医院的数据库分析了 112 起美国医院并购管制。在卡特尔方面，Symeonidis 使用双重差分法评估了 1956 年英国限制贸易法案的效果。Levenstein 和 Suslow 则通过比较享受与不享受出口卡特尔豁免的制造业企业，检验了 1982 年美国出口贸易公司法的影响①。

三、事件研究法

该方法通过追踪分析金融市场股票价格变动评估执法效果。例如在并购干预中，设定事件为并购宣告、反垄断执法部门调查公告以及执法部门作出的干预决定，对比特定事件发生时执法对象及其竞争对手的股价变动与综合股票指数变动来评估执法效果。

事件研究法跟踪直接受到决定影响的各方对竞争对手的股价的反应。如果一个决定是有竞争力的，并导致价格下降，可以预期竞争对手的未来回报将受到决定的不利影响。如果决定是反竞争的，未来的价格可能会上升。因此，竞争对手的股票价格可能用于评估所采取决定的竞争效应，在某种意义上说可能是竞争优势，而不是市场价格本身。由于竞争对手所需的金融市场数据并不总是可用，那么直接关系到决定各方股票的价格可能被用作信息的替代来源。然而，在这种情况下，将竞争效应与决定的其他影响区分开来更加困难，例如对所涉公司形象的负面影响。事件研究法的主要优点是，它们对所作出决定的竞争效应快速进行了基于理论的评估。此外，经验性地发现事前股票市场回报和事后衡量盈利能力之间的积极相关性，在一定程度上支持使用股票价格作为竞争实力的衡量标准。

---

① TENN S & YUN J M. The success of divestitures in merger enforcement: evidence from the J&J Pfizer transaction [J]. International journal of industrial organization, 2010 (12): 1-2.

事件研究法依赖于金融市场完全有效的假设，而在其中运营的代理人的期望是理性的。如果这些假设是真实的，公司的股票价格应该表示其预期利润流动的贴现值。因此，当预期会影响公司利润的事件消息被传入股市时，该公司的股价应该立即适应这种预期变化。这意味着通过评估股市对事件的反应，有可能得出这一事件对公司营利能力以及对销售和价格的潜在影响。事件可以是合并的公告、黎明突袭调查，或发布对被指控有垄断行为的公司实行制裁的决定。为了进行事件研究，研究者应当依次确定：①通过界定相关市场，确定受合并影响的公司名称，即竞争对手和客户；②找出尽可能多的上市公司；③确定关键事件的日期，即合并首次公布的日期、通知审查机关的日期以及发出第一阶段和第二阶段调查结果的日期；④确定打算使用的事件窗口的大小；⑤在每个关键事件日期的事件窗口收集所有相关公司的股票价格；⑥选择其打算用来生成事实的市场模型；⑦收集估计市场模型所需的数据，这包括所有相关公司在合并前三个月或更长时间的股价，以及每家公司的相关市场股价指数①。

该方法通过追踪分析金融市场股票价格变动评估执法效果。例如在并购干预中，设定事件为并购宣告，反垄断执法机构调查公告，执法机构作出干预决定，对比特定事件发生时执法对象及其竞争对手的股价变动与综合股票指数变动来评估执法效果。Duso 等利用 1990 年至 2002 年的股票市场数据检验了欧盟委员会并购控制决定的经济效果。澳大利亚学者 Diepold 等运用事件研究法检验了澳大利亚竞争与消费者委员会在 1996 年至 2003 年的 50 个并购决定对管制对象及其竞争对手的股价影响。Simpson 和 Hosken 研究了美国联邦贸易委员会 1984 年至 1993 年对四起零售业并购的执法效果。Warren Boulton 和 Dalkir 则研究发现了 Staples 和 Office Depot 办公并购案中执法对象的竞争对手获得超高股票回报率。在卡特尔方面，Langus 和 Motta 研究了欧盟反垄断调查构成公司市场价值的时间序列，其研究发现黎明突袭将使目标公司的股价下降 2.89%，而卡特尔禁令将使股价下降 3.57%。Bosch 和 Eckard 考察了美国司法部起诉决定的效应，而德国学者 Lübbers 则研究了 1893 年至 1913 年德国煤炭集团卡特尔管制的效果。在市场势力方面，Burns 研究了 1907 年至 1911 年《谢尔曼法》拆分标准石油、美国烟草等对股东的影响。Mullinetal 研究了 1911 年提起诉讼的美国钢铁公司拆分案例。Bittlingmayer 等分析了 1991 年至 1997 年赞成及反对对微软进行反托拉斯规制的决定的影响，通过对消息公布一天和

---

① European Commission. Ex-post review of merger control decisions [EB/OL]. [2018 - 10 - 01]. http：//ec. europa. eu/competition/mergers/studies_ reports/lear. pdf.

三天的事件窗口的超常收益的计算，他们发现 29 个针对微软的联邦执法行为的发起伴随了 159 家计算机产业公司指数的下跌，这一现象可构成微软反竞争的反证[1]。

第三节　宏观评估方法

衡量竞争政策的总体经济影响可以有助于维护其合法性。对竞争政策实施宏观经济影响的评估主要有两种方式：第一种是采用自下而上（bottom-up）方法分析竞争政策实施对消费者福利的直接影响，通常以消费者储蓄为指标；第二种是通过宏观建模（macro-modeling）考察竞争政策对 GDP 或其他宏观经济度量变量的影响。执法机构使用第一种方法评估时往往考虑三个基本信息：受影响的营业额的大小，价格的受控程度以及无干预提价可能持续的时间。由于不同执法机构对上述三个变量的设定不同，评估的结果也会随之变动。第二种方法的核心是构建竞争政策效用指标体系。Nicholson 设计了 31 个指标用以检验 52 个法域中竞争法对宏观经济的影响，Hylton 和 Deng 采用了基本与 Nicholson 相似的指标，其研究的是 102 个国家在 2001 年至 2004 年的执法效果。Borrell 等设计了 13 个指标，包括执法机构的独立性、并购政策等，研究对象为 47 个国家。Peterson 以人均 GDP 为指标，对 1960 年至 2005 年 154 个国家反垄断执法决定对民主和经济发展的影响进行了研究。Gutman 和 Voigt 对 1971 年至 2012 年 179 个国家竞争政策的影响进行了研究，其选取的经济指标为人均 GDP、直接投资在 GDP 中的占比等[2]。

---

[1]　DUSO T, GUGLER K & YURTOGLU B. Is the event study methodology useful for merger analysis? A comparison of stock market and accounting data [J]. Governance and the efficiency of economic systems, discussion papers, 2006 (163).

[2]　NICHOLSON M W. An antitrust law index for empirical analysis of international competition policy [J]. Journal of competition law and economics, 2008, 4 (4)；HYLTON K N & FREI D. Antitrust around the world：an empirical analysis of the scope of competition laws and their effects [J]. Antitrust law journal, 2007, 74 (2)；GUTMANN J & STEFAN V. Lending a hand to the invisible hand? Assessing the effects of newly enacted competition laws [EB/OL]. [2019-01-01] http：//ssrn. com/abstract=2392780；PETERSEN N. Antitrust law and the promotion of democracy and economic growth [J]. Journal of competition law & economics, 2013, 9 (3)：593-636.

一、自下而上的方法

大多数竞争管理机构根据市场竞争政策实施的估计价格乘以估计的降价期限来衡量竞争执法带来的消费者储蓄的变化。所谓消费者储蓄，是相对于政府储蓄而言，指的是消费者总体在特定年份的银行储蓄额，可称为"私人储蓄"。经合组织针对计算和报告消费者储蓄时选择的一般原则和假设提出了一些建议。

首先，经合组织竞争委员会认为衡量竞争执法节省的消费者储蓄应该考虑以下因素：在可能的情况下使用特定的信息；假设没有干预会产生的负面影响；评估静态消费者的利益，并在可能的情况下还包括动态的利益；定期计算和发布评估结果；将结果作为年度数字和三年的年均移动数字进行对比；根据决策类型提供结果，如将卡特尔的估计影响与合并决策的影响分开。

经合组织建议使用一种简单易用的方法：考察每个个案中执法对营业额大小的影响，来衡量消费者储蓄或者消费者利益，同时考虑价格可能的变化和违法行为假设可以持续的时间。在卡特尔案件中，被调查的执法机构对卡特尔预期寿命的假设有差异。一方面，美国 DOJ 假设 1 年，英国 CMA 假设 6 年，欧盟委员会竞争总司和 ACM 位于两者之间。欧盟委员会竞争总司使用 1、3 或 6 年，具体取决于其在检测日期对卡特尔的未来可持续发展的判断。另外，如果案件细节不足以使用具体案例估计，通常会考虑 10% 的卡特尔造成的额外费用或损失。

在滥用市场优势地位方面，由于难以测试所作的假设和最终禁止决定的稀缺性，执法机构倾向于评估优势决定的滥用程度。对于并购而言，所有调查对象都将相关市场的受影响的营业额定义为相关市场上所有公司的营业额。原因是合并的价格效应不太可能仅限于当事方，竞争对手也会因合并价格的上涨而提高价格。一些执法机构也会评估并购带来的非财产性福利损失。由于执法机构的干预，不仅有利于消费者在公司并购后的继续购买行为，而且会阻止一些消费者离开市场，并将这种积极影响纳入消费者剩余估算中，从而避免了价格上涨。

宏观影响的结果因为执法机构干预的市场规模、案件的范围和数量不同，在各个司法管辖区之间有显著差异。造成这些差异的另一个因素是用于估计客户储蓄的假设和方法。例如价格影响，其持续时间和受影响市场的规模因司法管辖区而异，难以比较不同机构的结果。总体而言，最后的估算额度若以 GDP

的百分比表示则数值很小，而且不能涵盖对创新或者商业模式的影响，因此这种估算只有一定的参考意义。

二、宏观建模的方法

宏观建模首先基于竞争有益的假设。在执法机构层面，欧盟委员会认为解释为什么竞争有助于生产力增长的经济理论已经确立。但为了确保竞争的公平条件，可能需要公共机构的干预措施，这就是为什么大多数国家通过竞争立法，并设立竞争机构来执行这种立法。对竞争政策影响的综合分析，需要分析竞争政策对竞争的影响，评估竞争加剧对宏观经济绩效的影响。基于上述考虑，欧盟委员会提出过一个综合框架，分析竞争政策的宏观经济影响，区分竞争政策与竞争政策带来的影响，确定竞争对增长有积极影响的主要传播渠道。具体影响可以区分为三个方面，即分配、生产和动态效率的变化。这一综合框架的实施需要衡量以下指标：①竞争政策的实力，以竞争法律和制度的质量以及执法干预为特征；②竞争力，以市场特征来衡量。

竞争政策在这里被定义为竞争立法，涉及禁止卡特尔和滥用支配地位以及控制并购的法律体系。竞争政策的优劣取决于多种因素，包括可用于其实施的人力和预算资源，竞争法律和制度的清晰度，以及竞争管理机构制定的政策干预措施，即竞争政策和竞争宣传的质量和数量。预期竞争政策干预将对竞争条件产生直接的积极影响，例如消除卡特尔或禁止合并，以避免竞争减少带来的消费者价格上涨。但是，应当注意到诸如贸易自由化和更好的监管等其他政策也可以促进竞争。此外，竞争政策干预措施不仅会对竞争产生直接的积极影响，而且还通过其威慑效应产生间接效益。例如，对卡特尔征收高额罚款，预计会阻止其他公司进入这种非法协议。对竞争政策宏观经济影响的分析侧重于政策干预的直接影响，忽视了更难以体现出来的威慑效应的影响，试图衡量竞争执法活动的威慑效应的大小。然而，忽视这些影响无疑将会低估竞争政策的总体影响。

执行竞争政策带来的竞争加剧反映在三个层面，即分配、生产和动态效率的变化，这些也将影响宏观经济绩效。第一，竞争将产生企业效应，导致企业的配置效率提高，促使新企业进入以及效率最低的企业退出市场。竞争对手的增多威胁到老牌企业的市场力量，并诱发老牌企业将价格设定为接近边际成本。竞争对手的增多也将有助于稀缺资源被分配给最符合消费者需求的商品和服务的生产。

第二，竞争将提高企业的生产效率，即企业内部效应。生产效率是公司分配其内部资源的能力，使其减少或消除生产要素的未充分利用。提高生产效率需要在企业内部引入更好的生产方式，包括组织变革，这样管理人员和普通员工才会有更大的动力来减少懈怠、修整速度，更有效地组织工作。激励企业提高生产效率是因为在需求价格弹性很大的竞争市场中，置身于竞争激烈的环境下，市场份额和利润较低的企业破产概率更高。

第三，通过推动企业创新带来动态效应。竞争将提高企业的动态效应，竞争加剧可以作为企业开发产品和流程创新的刺激因素，从而加快向现代技术前沿迈进。然而，竞争与创新之间的联系是一个极具争议的问题。有证据表明，竞争与创新之间呈倒 U 形关系，竞争减少过多或过少，创新均会降低。另外技术差距和行业类型也会影响这种关系：在技术前沿和产品差异化产业较少的国家，竞争对创新的积极影响更大。

基于以上考虑，在衡量宏观经济影响时，首先，要确定竞争政策实力和竞争力的指标；其次，需要经验性地建立竞争政策与竞争之间的因果联系；最后，考察竞争对宏观经济绩效的影响，如生产率和增长。投入指标在竞争政策的宏观经济影响实证研究中最为常用。这一类指标包括衡量反垄断制度是否到位的二进制变量、衡量竞争法和反垄断法使用的人力和预算资源的变量或与竞争法质量有关的变量。这一类别最新的指标是经合组织有关竞争法和竞争政策的指标，其衡量了 34 个经合组织成员国和 15 个非经合组织管辖区在 2013 年的竞争政策实力和范围。下列四项指标涵盖竞争政策的以下特点：

（1）发现、制止和惩罚反竞争行为和兼并行为：衡量本国企业和外国企业竞争法豁免的程度、执法机构调查和制裁的企业的竞争法侵权程度，调查、阻止或纠正反竞争并购，以及评估个人、企业或消费者群体对造成自身经济损害的企业采取法律行动的可能性。

（2）反竞争行为评估政策：有效的竞争法和政策制度可以惩罚或阻止造成福利和生产力损失的反竞争行为和兼并行为。这就要求在涉嫌反垄断侵权或兼并的调查过程中，对每种情况的经济影响进行评估，并考虑潜在的效率。反竞争行为评估政策评估反竞争行为和兼并行为是否被禁止，指出评估时应考虑哪些因素。其还反映出，在过去五年来，是否针对这类反竞争行为发起了干预，例如通过阻止反竞争的兼并，或者通过对公司实施制裁来排除该类行为。

（3）调查和程序：调查诚信程度用以衡量竞争执法的质量、健全性和透明度。这里从三个主要方面来衡量：竞争执法的独立性即政府是否干预调查；程序的公平性即明确被调查公司的权利；竞争执法的责任即该执法机构的活动和决定是否透明，是否可以在法庭上诉。

（4）倡导：该指标体现了竞争执法在不同政府层面倡导建设更具竞争力的环境的能力，通过审查其对竞争的影响，就如何促进竞争提出建议并进行市场研究。

这四项指标可进一步分为多个细化指标，涵盖竞争法和竞争政策的以下特点：效力范围，调查权力，制裁和补救权，私人执法，横向协议政策，垂直协议政策，合并政策，排除行为政策独立性，问责制，程序公平性，倡导性。

另一类指标是产出指标，该类指标关注的是竞争法实施的结果，描述了竞争政策的有效性。世界经济论坛（WEF）在全球 140 多个国家持续进行了 30 多年的调查，包括当地商界领袖对竞争条件的评估和对竞争政策有效性的看法。为此，这些当地商界领袖被邀回答以下问题：①当地竞争的强度；②市场占有率；③反垄断政策的有效性。调查结果用于计算全球竞争力[①]。另外，自 1989 年以来，瑞士洛桑国际管理发展学院《世界竞争力年鉴》发布了关于覆盖 60 个经济体竞争力的年度报告。报告综合了硬、软数据，并提出了竞争政策领域的三项指标。第一个指标描述了政府对私人和上市公司的补贴占国内生产总值的百分比。另外两个指标是根据报告涵盖的经济体中高层管理人员的代表性样本所提供的答案，问题主要涉及评估补贴是否扭曲公平竞争和经济发展，以及竞争法例是否有效防止不正当竞争。这类调查的不足之处在于研究往往基于简单的、单个的问题。调查在不同年份的同一个国家表现出很大的波动。此外，由于本国商人可能不熟悉其他国家的竞争制度，也可能会因信仰或经济条件而执有偏见，从而难以进行有意义的比较。

还有一类是结合投入和产出变量的指标，以概述竞争制度的质量。自 2000 年以来，《全球竞争力报告》（GCR）每年都会根据投入和产出变量指标，对执法机构的服务排名发布年度调查——"评级执行情况"。排名考虑到一个国家在其竞争政策中投入的资源可能只是反映经济规模，为了控制市场规模，投入变量指标也将员工和预算列为国内生产总值的百分比。[②] 为了评估每个执法机构的工作结果，GCR 使用两个主要的信息来源：①向执法机构提供详细的问卷调查表，涵盖了这些机构的广泛功能。调查问卷包括有关投入措施的问题，如执法机构的员工和预算、干预措施数量、卡特尔罚款以及卡特尔优势干

---

① 世界经济论坛. 2013—2014 年全球竞争力报告［EB/OL］.（2018 - 09 - 01）. http：// www3. weforum. org/docs/WEF_ GlobalCompetabilityReport_2013 - 14. pdf.

② 世界经济论坛. 全球竞争力报告［EB/OL］.（2018 - 04 - 01）. https：//globalcompetitionre- view. com/.

预措施。②寻求专业人士的反馈意见，包括反垄断律师、经济学家、学者和当地记者，他们常常负责代理机构的工作。当地反垄断律师被要求填写一份在线调查报告，提出他们对执法机构执行表现、专业水平和独立性的看法。在此基础上，对每个执法机构的评分从 1 分到 5 分不等，可以将其分数与国际同行进行比较。除了服务排名之外，GCR 还提供了一个绩效指标以供参考①。

第四节　各评估方法的局限

反垄断执法经济效果事后评估是一个系统工程，需要统筹目的、效果、各种定性和定量方法的使用及最终测算。反垄断执法经济效果事后评估中存在评估方法不统一、具体方法有缺陷的问题，如模拟方法中存在与事实相反的有关假设（Counterfactual）、选择偏差（Selection Bias）；事件研究法立足于有效市场假说（EMH），这一假说本身导致其结论与现实效果存在偏差；双重差分法存在竞争对手合并可能产生的外部性问题，如对消费者福利的动态影响评估困难及竞争政策效用指标含糊等。如前文所述，反事实的定义是所有类型评估的关键问题。例如，在评估个别案件时，反事实描述了竞争管理机构在没有决定（或者是否采取了不同决定）的情况下会发生什么，而在更宏观的层面上，它涉及在没有评估政策的情况下将发生什么。反事实存在的关键问题在于，实际上我们不能也看不到受并购决策影响的各方（包括直接参与的各方、竞争对手及客户）的反事实，因此反事实实际是一种假设。选择偏差也是一个重要的问题，治疗、控制和组织各方可能会出现不同的特征，导致选择偏差，这可能会影响评估的结果。发生这种选择偏差是由于使用对照组的性能来确定治疗组的反事实表现。

我国学者对评估问题的研究还未真正起步，与国外相比有较大差距，本研究拟填补这一空白，在对经济效果事后评估体系构建进行理论研究的基础上，结合我国执法实践进行实证研究，为构建符合我国实际的评估机制提供理论支持。

---

① 吴明霞. 全球化背景下经济强国国际竞争力的评估理念与指标分析［J］. 世界经济研究，2007（2）：79.

第三章 并购/经营者集中审查的事后评估

第一节 并购/经营者集中审查制度概述

并购是反垄断法领域的一个极为重要的概念，美国《谢尔曼法》称之为"兼并"，德国《反对限制竞争法》称之为"合并"，欧盟和我国将其称为"集中"①。美国、欧盟和中国在并购审查上都采用了事前申报的制度，即达到法定申报标准的企业，需要在并购实施之前向反垄断执法机构就并购项目进行申报，得到批准之后，并购才能进行。反垄断法领域的并购指的是企业间为了达到某种经济目的，通过一定的方式和手段完成的资产、人员或者资产与人员的融合。企业并购主要通过下述几种方式进行：狭义上的企业合并，即吸收合并和新设合并；取得资产；取得股份；建立合营企业；订立合同；人事合并，等等。不管是何种类型的集中，只要能够形成企业之间的控制与被控制的关系，使得两者在运营上客观地成为同一经营实体，就可能属于反垄断法所规制的范畴。

在对并购交易进行审查之后，反垄断执法机构可能会给出三种审查处理结果：禁止、附条件批准或无条件批准。禁止是认为一项并购或集中会有严重影响竞争的负面效果，因此应当禁止。而无条件批准则是认为一项并购不会严重损害竞争，因此对于此项并购予以放行。在实践中，各国对绝大部分并购或集中案件的申报都是无条件批准，真正禁止的案件非常少，如我国《反垄断法》从 2008 年实施以来，仅在两起案件中禁止了经营者集中的申报，即可口可乐

---

① 吴振国，刘新宇. 企业并购反垄断审查制度之理论与实践［M］.北京：法律出版社，2012：16.

并购汇源案①和马士基、地中海航运、达飞设立网络中心经营者集中案②。还有小部分案件，商务部附条件通过集中申报，要求所附条件能够抵消此项经营者集中可能具有的排除、限制竞争效果。

对于附条件批准的情况来说，其中附加的条件或者义务被称为救济措施，目的是修正交易，消除可能由并购产生的反竞争效果。救济措施主要可以分为三类：结构救济、行为救济和混合救济。无论是何种救济措施，均会对整个交易架构产生重大的影响。结构救济主要包括业务剥离、资产剥离或者要求转让股权或出售知识产权等。行为救济的类型包括终止排他性协议、技术许可等。混合救济指的是既包含结构救济又包含行为救济的措施。不管采取何种救济措施，交易方都必须根据反垄断执法机构出具的意见中所附的条件或义务去修改或调整全部交易文件。需要修改的内容不仅包括并购主要合同文件，商业计划书、可行性报告等内部文件中的数据和参数也要重新调整，并重新提交董事会和股东会完成内部审批流程，此时还会面临交易被董事或股东否决的情况③。

在具体实践中，各国采用的救济措施各有不同。美国按兼并情况将结构性条件主要适用于横向合并案件，行为性条件则主要适用于纵向合并案件。美国联邦最高法院法官 Posner 在 1961 年曾这么评价资产剥离："法官对合并进行救济首先应该想到的就是资产剥离，资产剥离因其简单的形式、方便的管理和确定的结果，是最重要的企业合并救济方式。"④ 因此在美国的实践中，适用结构性条件批准兼并集中的案例居多。例如在 1993 年后的十年间，美国司法部反托拉斯局在 113 个合并案件中仅有 10 个适用了行为性条件，其他都是结构性条件。联邦贸易委员会的情况也是如此，2013 年至 2015 年近三年来的 12 个附条件案例中也只有 3 个适用行为性条件。⑤

欧洲合并条例（ECMR）规定，"有关企业"可以通过向欧盟委员会承诺，消除其在委员会调查中发现的竞争问题来修正他们的集中计划⑥。1998 年以来，其"实施条例"（Implementing Regulation）对企业在集中的第一阶段和第

---

① 《中华人民共和国商务部 2009 年第 22 号公告 商务部关于禁止可口可乐公司收购中国汇源公司审查决定的公告》。

② 《中华人民共和国商务部 2014 年第 46 号公告 商务部关于禁止马士基、地中海航运、达飞设立网络中心经营者集中反垄断审查决定的公告》。

③ 戴健民，邓志松. 跨境并购中的反垄断与国家安全审查 [M] //王辉耀. 企业国际化蓝皮书：中国企业国际化报告（2014）. 北京：社会科学文献出版社，2014：116.

④ GRAY J C. The nature and sources of the law [M]. New Orleans：Quid Pro, LLC, 1991.

⑤ FTC. Horizontal merger investigation data, fiscal years, 1996 – 2011 [R]. 2013.

⑥ Council Regulation（EC）No. 139/2004 of 20th January 2004 on the control of concentrations between undertakings（the EC Merger Regulation）6（2）and 8（2）.

二阶段何时提交以及如何提交 ECMR 承诺作出了规定。从 1990 年到 2004 年底，在一共 2 469 项最终集中决定中，有 190 项决定通过 ECMR 承诺获得了集中委员会的批准。2001 年，欧盟委员会的补救措施通知（Remedies Notice）首次发布。在 2003 年，欧盟委员会竞争总司出版关于救济措施的最佳实践指南（Best Practice Guidelines），其中包括两个示范文本：剥离承诺模板和受托人授权模板。ECMR 的实施条例、补救措施通知、最佳实践指南和示范文本为商界和法律界提供了广泛的指导，阐明了可接受的补救措施类型的总体框架、提交给委员会的程序和实施要求。

我国《反垄断法》第二十条列举了三种经营者集中的方式，包括：经营者合并；经营者通过获得股权或资产取得对其他经营者的控制权；经营者通过合同等取得对其他经营者的控制权或者能够对其他经营者施加决定性影响。我国自《反垄断法》实施以来，截至 2017 年 12 月 31 日，共附加限制性条件批准 35 件，其中适用结构性条件 16 件、行为性条件 26 件，在具体案件的适用上，并未严格区分横向集中和纵向集中，实践中适用行为性条件的频率远大于结构性条件，且没有规律。具体见表 3-1：

表 3-1　中华人民共和国商务部经营者集中附加限制性条件决定一览

案例	行业	性质	限制性条件	
			结构性条件	行为性条件
英博/AB 公司	啤酒	横向	维持持股比例	
三菱丽阳/璐彩特	制造	混合	产能剥离	保持独立、限制扩张
通用汽车/德尔福	汽车制造	纵向		非歧视条款、防火墙条款、禁止报复
辉瑞/惠氏	制药	横向	业务剥离	
松下/三洋	电池生产	横向	业务剥离	
诺华/爱尔康	眼睛护理	横向		终止排他性协议、短期退出市场
乌拉尔/谢尔维尼特	氯化钾	横向		维持现状
佩内洛普/萨维奥	纺织机械	横向	股份剥离	
通用电气/神华	电力	纵向		非歧视条款

（续上表）

案例	行业	性质	限制性条件	
			结构性条件	行为性条件
希捷/三星	硬盘	横向		保持独立、防火墙条款
汉高香港/天德化工	化工	纵向		非歧视条款、防火墙条款
西部数据/日立存储	硬盘	横向	资产剥离	独立运营、维持现状
谷歌/摩托罗拉	手机	纵向		非歧视条款、公平交易、维持现状
联合技术/古德里奇	电力	横向	业务剥离	
沃尔玛/1号店	零售	混合		维持现状
安谋/捷德/金雅拓	处理器	纵向		非歧视条款
嘉能可/斯特拉塔	冶炼	混合	资产剥离	维持现有交易
丸红/高鸿	农产品	纵向		防火墙条款、保持独立
百特国际/瑞典金宝	医疗用品	横向	业务剥离	终止协议
联发科技/开曼晨星	无线通信	横向		保持独立
赛默飞/立菲技术	生物工程	横向	业务剥离、出售股权	知识产权许可
微软/诺基亚	通信	纵向		技术许可、非歧视条款
默克/安智	电子	混合		禁止捆绑销售、非歧视条款
科力远/丰田中国/PEVE/新中源/丰田通商	汽车	混合		保持公平、合理、非歧视条款
诺基亚/阿尔卡特－朗讯	通信	横向		保持公平、合理、非歧视条款、知识产权转让
恩智浦/飞思卡尔	半导体	横向	业务剥离	
百威英博/南非米勒	啤酒	横向	股权剥离	
雅培/圣犹达	医疗器械	横向	业务剥离	
陶氏化学/杜邦	农产品	横向	业务剥离	保持公平、合理、非歧视条款

（续上表）

案例	行业	性质	限制性条件	
			结构性条件	行为性条件
博通/博科	无线通信	纵向		防火墙条款、非歧视条款、禁止捆绑销售
惠普/三星	打印机	横向		保持公平、合理、禁止虚假宣传
家阳/萨钾	氯化钾	横向	股权剥离	防火墙条款、维持现状
马士基航运/汉堡南美	航运	横向		独立运营、保持市场份额
日月光/矽品	电子	横向		保持独立、公平、合理、非歧视条款
贝克顿/巴德	医疗器械	横向	业务剥离	

从表 3-1 可以看出，商务部适用的附加限制性条件的类型较为固定，适用限制性条件在集中性质和所处行业方面基本没有规律，有的横向集中只适用结构性条件，有的只适用行为性条件，有的混合适用，但是近来有种趋势，即横向集中更多适用结构性条件，纵向集中更多适用行为性条件和混合性条件。同时，商务部公告的附条件批准集中的案件中，有很多案件同时也受到美国的合并救济，即异域同案裁决。

经营者集中审查决定是否有效直接关系到该制度存在的正当性基础。从理论基础上看，并购/经营者集中的审查主要基于对市场价格的效果预测展开。正如 Tenn 和 Yun 所言，对合并救济措施是否成功进行评估可能会看到两个不同的事实：首先，反垄断部门是否正确地确定哪些合并是反竞争的；其次，在反托拉斯机构施加救济的条件下，是否足以防止反竞争效应。[①] 对经营者集中案件进行事后评估能直接反映限制性条件的适用是否有效，是否已在适当期限内得到完全执行，是否已经消除了竞争顾虑并恢复和促进了竞争，这些标准主要是通过分析执法部门对经营者集中附加限制性条件，合并完成之后的相关商品的价格变动、产量变动、质量变化、市场份额变动等因素来判断预期的执法

---

① TENN S & YUN J M. The success of divestitures in merger enforcement: evidence from the J&J-Pfizer transaction [J]. International journal of industrial organization, 2011, 29 (2): 273-282.

效果是否已经达到，附加的限制性条件是否有效保护竞争。

第二节　调研法在并购/经营者集中事后评估中的应用

如前文所述，调研法是一种常用的评估效果的方法，其优点在于可以直接获取市场参与者对于一项并购执法决定的认知和反馈，同时对于制度改进也能提供更为直观的建议。调研通常需要一定的资源确保受访对象接受问卷调查并给出可靠的回答，执法机构凭借其资源和能力，通常更易运用这一方法，因此，调研法多为执法机构直接实施。美国和欧盟都曾经通过调研法考察并购执法决定的效果，调研法也被用作其他方法的补充。

一、美国对并购救济措施实施效果的整体评估

FTC 于 1999 年发布的《资产剥离程序研究》是最早对合并救济有效性的正式研究。该研究认为，在 1990 年至 1994 年的 37 项剥离中，75% 的剥离是成功的。该研究考察买方在取得资产后是否能在相关市场运营以及其在该市场的影响，其目的在于总结取得剥离资产的买方能否进入市场和维持运营，集中收集以下问题的答案：买方最快需要多久开始市场运营？剥离时以及剥离后买方的销售额为多少？买方的产品售价是多少？买方是否引入了新产品？买方认为集中方对买方的市场进入做出反应了吗？买方认为剥离成功与否？该研究还试图分析执法决定其性质以及对买方市场进入的影响。如果买方能够较快地开始在相关市场运营并开展有效竞争，就可认为该运营是存活的，剥离目的已经达到。

评估发现，在 37 项剥离中，有 28 项剥离的买方似乎已能实现在相关市场存活运营。在这些案件中，经批准的买方取得资产，开展经营，并能在一个合理的期限内在相关市场运营。在部分案件中，买方报告说其引入了新产品，定价低于集中方或从集中方取得股份的情况。在其余的 9 项剥离中，买方未能在相关市场存活运营，其中一个尽管得以存活运营但并非在 FTC 关注的相关市场内，另一个虽存活运营但未独立于集中方。由此，该研究指出有效剥离的障碍主要有四点：第一，就集中方自身而言，其提出的剥离方案不仅有可能在一开始就是有限的，并不能起到恢复竞争的效果，也有可能其有意选择缺乏业务经验和资金的弱势买方或者采取一些战略行为比如故意隐瞒重要信息、不提供

技术援助等手段来阻碍买方的成功。第二，就买方而言，买方通常缺乏关于被剥离资产的重要信息，以及缺乏议价能力、在遇到困难时不能及时与 FTC 沟通，导致买方不能有效地在竞争中占据有利地位。第三，技术转让的复杂性，研究提到，"如果整个业务与经营业务的人员分离，知识将作为交易的一部分传递。设法有效地转让商业秘密和技术是制定有效补救措施的一项重要任务"，即技术由集中方转给买方本身就是一大难点。第四，即使 FTC 恰当地确定了交易可能造成竞争性损害，但被剥离的一揽子资产可能已经过于狭窄，无法创造一个可行的业务。这正是美国事后对合并救济进行研究的原因，通过研究实施救济之后买方的竞争情况，得出救济成功和失败的原因，以更好地改进。研究中指出了改进救济措施的有效方式，包括任命审计师为监督受托人、确保买方能够获取有效的信息、缩短剥离期等①。

二、欧盟委员会对并购救济措施效果的整体评估

（一）评估背景和目标

借鉴美国上述调查的方法，2005 年欧盟委员会竞争总司对特定时期内代表性案例中的救济措施进行了事后评估，这项评估是为了事后审查执行委员会在以前的案例中提供为合并双方所接受的承诺是否有效，以便明确因救济措施的设计和实施产生的严重问题，并完善欧盟委员会有关集中的救济政策。相对于 FTC 的评估，欧盟的评估更为详尽细致。该项目对 1996—2000 年五年间通过的 40 起集中案件进行了分析，共涉及 96 种救济措施。选择 1996—2000 年这一阶段是因为它包含的一系列案件可以在合理的时间间隔之后，即案件决定作出三年后，对其执行情况进行事后分析。为了进行定量评估，研究使用了明确的原则来设计并对救济措施进行分类。原则上，在一个相关市场中，每个竞争法问题都指向一项救济措施。然而，如果一个剥离救济涉及几个具有类似特征的地理市场，则若干措施被算作一项救济措施。如果被剥离的资产是由两个不同的购买者购买的，则即使只涉及一个相关市场，也被算作两项救济措施。

---

① FTC. A study of the commission's divestiture process［EB/OL］.［2018 – 09 – 01］. https://www.ftc.gov/sites/default/files/documents/reports/study-commissions-divestiture-process/divestiture_0. pdf.

（二）评估方法

评估主要采用调研和访谈的方法。评估小组首先选择筛选执法决定以设立具有代表性的救济措施样本，选择按三个标准进行：补救的种类具有代表性；决定涉及的案件数量具有代表性；涉的行业具有代表性。就补救措施的类型而言，该研究区分了：转让市场份额的承诺；退出合资企业的承诺；授予准入权限的承诺和其他承诺。转让市场份额的承诺旨在重新创造竞争机会，使得业务掌握在有足够竞争力的合适买方手中，进而对集中方产生约束，具体可以将措施分为四个类型：①剥离可以运作的独立公司的控制股权；②剥离一个需要分割的业务部门；③剥离一系列资产或合并多于一个的资产；④授予无限期或直至期满的长期独家许可专利保护。退出合资企业的，承诺要求合资各方放弃对合资企业的联合控制，将其转让给给合适的买方。通常，在这种情况下，买方是现有的合资伙伴。授予准入权限的承诺是为其他市场参与者提供关键资产的途径，从而减少进入壁垒，具体包括：①准许进入基础设施或技术平台；②准许通过许可证或其他知识产权获得技术；③终止专属纵向协议。其他承诺包括旨在切断竞争者中合并方受影响的救济措施，旨在分离两个共同占优势的竞争者的救济措施，以及涉及从市场撤回品牌的救济措施。这项研究还区分了"剥离救济措施"或"剥离承诺"，其中包括：全部 68 项转让市场份额的承诺，8 项授予长期独家许可的承诺，以及全部 15 项退出合资企业的承诺和 1 项其他承诺。因此，研究共分析了 84 项剥离承诺和 12 项非剥离承诺，包括 10 项准入和 2 项其他承诺。

在所分析的 96 种补救措施中，80% 涉及横向竞争问题，即有关企业是同一相关市场上的实际或潜在竞争对手，另有 14% 涉及横向和纵向竞争问题，即集中公司合并的是其业务的市场下游或上游，而 6% 涉及纯纵向竞争问题。横向竞争问题通常是通过承诺转让市场份额来解决。对于涉及横向和纵向竞争问题的案件，除了获得救济相对更频繁和退出合资企业救济相对更少之外，其他涉及横向和纵向竞争问题的案件情况都类似。纵向竞争问题主要由承诺授予准入权限解决，承诺授予准入权限同样还适用于混合竞争问题。此外，84% 的救济措施旨在防止集中后形成的单一市场支配地位。12% 旨在防止共同支配状况或"协调效应"的出现。其余的 4% 并不符合这两类中的任何一类，与《欧盟宪法条约》第 81 条（现《里斯本条约》第 101 条）关注的合资母公司的协调或加强第三方参与者的市场竞争力的情况相关。对单一市场支配地位的担忧通常通过转移市场地位的承诺来解决，对共同支配地位的担忧则更多地通过退出合资企业的承诺以及转让市场份额的承诺来解决。救济措施涉及的行业部门包括采矿和采石、制造、电力、批发和零售、运输，存储和通信、金融等多个行业，具有较强的行业覆盖性。

在确定研究样本后，评估小组对案件档案进行了审阅，并有针对性地为访谈样本设计了问卷。受访者包括：①申请方或卖方、许可人或设保人；②买方、被许可人或获资助人；③受托人。具体受访对象要求是参与并购协议的谈判或运作，并拥有第一手资料的内部人士。在进行访谈之前，评估小组还与执法官员讨论了案件档案，这些官员参与了集中调查和救济措施的设计和实施。截至 2004 年，评估小组与许多公司管理人员进行了共 145 次的访谈，访谈对象包括首席执行官、公司负责人，涉及财务、战略、采购、营销和销售部门，以及产品经理和法律顾问。问卷包含 120 个问题，问题设计是具有开放性结构的，需要受访者花费 1 到 3 个小时完成。此外，评估小组还针对药品和造纸/纸浆行业的 25 家公司，发放了详细的后续调查问卷，以收集详细的定量经济数据，其中涉及市场特征、市场产品价格弹性、市场演变过程和公司市场地位。在这些案件中，有 9 起涉及 29 项救济措施，其涉及的竞争问题，以及救济措施的范围，在两个司法管辖区均相似。对集中救济的事后评估必须克服若干方法上的困难。

对于一些救济措施，在没有对新市场进行充分的、成熟的调查的情况下，很难了解全面的市场情况。因此这项研究在很大程度上依赖于救济过程中的主要参与者所提供的谈话和数据，例如，源于承诺方、买方或其他受益人、受托人及其他方面的信息。一些外生因素也可能对观察到的市场结果产生影响，有时在实践中证明不同因素的相对重要性是比较困难的。另外，为了评估一项救济措施对市场的影响，研究还试图将实际的市场发展情况与可能发生的结果进行比较，即对没有补救办法之下反事实的情况进行预估。访谈方法被证明是获得行业参与者对这些问题看法的一种有效方法，但与此同时，对所有反事实情况的猜想仍旧是推测性的，因此调查结果仅具有一定的参考作用。

为增加评估结果的可靠性，评估小组发出并收到了来自 25 家公司的详细的后续调查问卷，其中包含两个选定的行业：药品和造纸/纸浆，共涉及 6 起案件 10 项救济措施。针对这些救济措施，项目组收集了关于市场特征、市场产品价格弹性、市场演变过程以及公司市场地位的详细的定量经济数据。

（三）评估结果

根据所收集到的信息和欧盟委员会提供的问卷，评估小组按照标准格式为每项补救措施起草了救济措施报告，并在评估小组内和包括其他评估小组成员的项目组内进行了案件讨论。在访谈进行之前，评估小组还与当时进行了集中调查并参与了补救措施设计和实施的执法机构官员就案件档案进行了讨论。同样，救济报告的最终版本也提交给了当时实施集中程序的执法官员以征求意见。

1. 未解决的严重的设计或实施问题

关于转让市场份额或退出合资企业的承诺，有 59 个严重的设计和/或实施问题仍未能得到解决。如前所述，在这些尚未解决的严重的设计和/或实施问题中，被剥离业务范围不充分的情况是最常见的，其次是不合格的买方获得批准、资产剥离和被剥离业务的转移。

在研究的 10 项救济措施中至少有 9 项存在严重的设计和/或实施问题，主要涉及准入条件。因此，至少一项准入救济措施是"无效的"，而另两项则是"部分有效的"。在其他两项救济措施中，有一项引发了严重的设计和实施问题，被认定为"无效"，而剩下一项救济措施只是"部分有效"。

该研究分析了三种最常见的补救措施的竞争效果：市场份额的转让、合资企业的退出和授予准入权限。在分析的 68 项转让市场份额的承诺和 15 项退出合资企业的承诺中，被剥离业务范围不充分是最常见的未解决问题，其次是不合格买方的问题。另外被剥离业务和资产转移也引发了许多未解决的问题，比如资产的临时保存和持有分离等。

转移市场份额的承诺旨在恢复市场上的竞争力，通常通过对集中申请附加剥离条件得以实现。被剥离业务的范围在很大程度上决定了这个新的被剥离实体是否能够独立于剥离各方运营，而被剥离业务范围不充分是最为严重的问题，调查结果显示在 84 项剥离救济措施中有 79% 存在该问题。造成被剥离业务范围不充分的原因主要在于遗漏了关键资产，而这些资产对被剥离业务的生存能力和竞争力，即限制实体在合并后的市场的能力是必要的。具体而言，调查发现欧盟委员会在确定剥离方案的正确范围时对下列事项考虑不足：①上游/下游环节：救济措施未能解决买方对各方持续的纵向依赖性，例如关键投入、售后服务或其他关键资产；②地理限制：是指救济措施范围内的地理分割所造成的破坏性影响；③临界规模：在被剥离业务太小而无法成为任何人的有效竞争对手的情况下考虑不足；④产品周期的影响：没有充分考虑预计需求将从被剥离产品转移出去；⑤知识产权问题：没有充分考虑支持被剥离业务所需的知识产权不包含在剥离一揽子计划中，或者随后的转让可能受到第三方权利的限制。在绝大部分案件中，被剥离业务的可行性和竞争力取决于能否找到合适的买方。在欧盟委员会的惯例做法中，除了极少数卖方事先确定了前期买方的情况外，在作出剥离决定时买方是谁通常是未知的。因此，在设计剥离程序阶段，明确被剥离业务的可行性及其范围对尽可能多的合适买方有多少潜在吸引力尤为重要。研究发现，在剥离救济措施中，欧盟委员会在企业确定被剥离业务范围时较为随意：有时该方案明显可行，适用于多种买方，有时它是不完全可行的，只适用于一部分的潜在买方。另外，为维持被剥离业务的运转，独立出来或者被收购的业务部门可能需要与原剥离方签订过渡协议。但该协议可能导致买方对当事方的临时依赖，进而影响其竞争行为，并使被剥离的企业容易遭受当事方的不当对待，因此总体而言过渡期不宜太长。然而，一些品牌重塑的案例又需要较长的过渡期。此外，买方在一些剥离救济措施方面的经验表明，妥善起草销售和采购协议也很重要，包括为买方提供必要的附属过渡协议，以加强他们在被剥离业务运作上的权利。

基于评估结果，欧盟委员会在实施剥离救济时存在以下问题：①尽管各方必须界定他们打算剥离的业务，但各方没有义务对被剥离业务可能依赖其保留业务的哪些部分的可行性和竞争力进行披露，这使得欧盟委员会难以评估各方是否对业务范围进行了准确的界定；②尽管剥离涉及的销售和采购协议必须由欧盟委员会批准，但欧盟委员会没有权力审查过渡协议的条款，而这些条款通常对于被剥离业务的可行性和竞争力至关重要；③当对被剥离业务的范围进行评估时发现其可行性和竞争力存在严重缺陷，欧盟委员会应该考虑要求各方提供替代剥离承诺的办法。

欧盟委员会有条件许可决定的救济措施可能会影响第三方的权利，但不可能要求这些受影响的第三方协助履行承诺。尽管欧盟委员会通常要求实施集中的各方有责任确保在履行其承诺之前，不存在与第三方批准有关的风险或不确定因素，但这些风险或不确定因素仍然不可避免地出现并可能破坏特定承诺的有效实施。最常见也是受访者关注最多的问题，是涉及要求合资伙伴同意让委托方退出合资企业或买方进入的问题。除此以外，第三方权利也阻碍了各种合同协议的实施，例如供应协议的转让，其中最复杂、最具风险的是知识产权许可转让和知识转让。涉及共享知识产权或许可证的转让会尤其复杂。其他依赖第三方的情况包括获得工程委员会、工会甚至个人雇员的批准，例如，关键雇员将与被剥离业务一起转让。第三方的干预或不合作会拖延补救措施的实施，并导致各方承担额外的实施成本。调查显示，提供承诺的当事方经常会忽略或低估与第三方的依赖关系，而且往往依靠欧盟委员会延长剥离截止日期，以便在诉讼阶段的某个时刻来处理此类依赖问题，而不是在设计阶段就处理它们。

第三方的权利及其对救济措施的实施可能产生的影响，需要建立在"最坏的情况"假设的基础上，在救济过程的设计阶段仔细考虑，特别是了解到执行销售和采购协议的困难经常被低估的时候。在这种情况下，各方共同提供一项涉及资产或义务的承诺，而各方对这些资产或义务只有部分或联合控制权。如当事人提供涉及第三方转让或解除协议的承诺，欧盟委员会应系统地要求当事人提供有关转让或终止协议的相关条款，以确定对第三方权利实现的可能影响。此外，第三方应就可能影响其商业或法律利益的各方作出的任何承诺进行系统的咨询。如果认为全面和及时执行的风险过高，则应要求当事各方提供可替代的剥离承诺或办法。

救济通知书和剥离承诺模型明确了剥离方的三项义务：①维护业务，不做出可能对其价值、管理或竞争力产生重大负面影响的行为或不作为；②为被剥离业务提供融资，以便在现有业务计划的基础上继续发展业务；③通过在必要时为关键人员提供适当的激励计划，将关键人员在此期间留任于被剥离业务中。

然而，无论是救济通知书还是剥离承诺模型，都不能为当事各方提供更具体的指导，也没有明确监督这些规定实施的相关程序。在研究的救济措施的承诺文本中，单独保留条款并没有遵循任何标准格式，同时各方常常认为它们不够清楚。至于被剥离业务，除了一些特殊情况外，评估小组认为执行力度较低，因此很难得出与其效力相关的结论。管理人员的来源也不同，被剥离业务的现有管理人员可能会留在原职位，也可能从外部招聘临时管理人员，还可以由监督受托人选择独立管理人员。

监督受托人制度也存在一些问题，具体包括受托人多将其绩效监测限制在财务绩效指标上；受托人活跃程度较低；受托人没有切实履行其监督职能，如对所有相关人员和其他业务部门的信息交换活动依照限制的相关规定进行核实等。现在救济通知书和更大程度上的剥离承诺模型对监督受托人的职能、任命程序，受托人与当事人之间的关系进行了规定。然而，上述一些问题仍未得到解决。独立管理人员，在负责临时保存和剥离方面，如果其能向受托人适时报告被剥离业务的相关情况，并且留任于被剥离业务中直到转让完成，这几乎对所有的剥离救济措施都是有利的，特别是合并方在过渡时期显著减少被剥离业务的情况下。因此独立管理人员在确保被剥离业务的独立性、对各方的临时保护和保持剥离方面发挥了至关重要的作用。

剥离过程通常由双方或卖方安排。调查发现，一些卖方可能会滥用剥离过程中缺乏透明度的程序选择较弱的买方，以限制未来的竞争。这些卖方可能会偏向采纳较高的资产剥离价格，以期获得较弱的竞争对手，进而获取较高的长期预期收益；另一些卖方对可能成为更强大竞争对手的潜在买方采取排他性或歧视性行为，或者组织了非常短的调查程序，并以最短期限来限制潜在买方的数量。在研究的救济措施中，战略投标协议并不总是包含所有必要的条款，而买方也并不总是积极确认他们的保护条款。虽然欧盟委员会目前的做法是在初始阶段将剥离过程留给卖方安排，但该研究确实表明需要对构成适当剥离程序的最低标准作出规定，防止卖方通过排他性或歧视性行为对待其视为更强大竞争对手的买方，进而平衡这种可能由卖方战略性引导买方进行选择的趋势。一方面，卖方有义务提供关于被剥离业务范围的全面的、如实的和及时的信息，而这将极大地鼓励潜在买方对被剥离业务未来的前景进行评估。另一方面，至少在剥离过程的初始阶段，卖方应有权保护其合法金融利益，以获得有竞争力的价格，同时至少在剥离过程的初始阶段保留潜在买方的某些信息，例如任何其他的剥离承诺或顶尖业务等。

研究样本中分割型剥离与独立剥离的比例为 3∶2，这体现了分割型剥离救济措施的重要性。因此，尽管欧盟委员会表示倾向于独立剥离，但在实践中仍需对分割型剥离进行重点考察。分割资产不当导致 9 项救济措施中出现了严重的未解决的执行问题。另外 5 项救济措施导致了对卖方被剥离业务的长期依赖。在需要重大剥离的 50 项救济措施中，有 14 项被剥离业务属于收购方，只有 3 项救济措施属于目标方，其余 33 项救济措施中的被剥离业务属于合并方或合资伙伴。

剥离问题还可能涉及有形资产与无形资产的划分，以及被剥离业务与保留业务之间的人员分配。该研究集中考察需要作出重大努力以分离资产的救济措施，涉及网络、知识产权和人员分配。研究发现，在救济措施的设计阶段，并非所有情形都能为各方所预见，因为总是会出现需要采取救济措施来实施对资产剥离的情况。此外，在分离共享资产和分配共享人员的过程中，至关重要的是确保被剥离企业以某种形式接收它所使用的必要资产和人员，即使这些资产或人员可能已被保留企业使用。

分割这些共享资产存在的主要问题是，它们不仅必须被分割，而且某些部分可能必须被复制，这就需要大量的资源投入和投资承诺，而这些资源和投资在事前往往被卖方低估。此外，必须作出艰难的管理决策，以决定是否应将原有的共享资产，涉及基础设施、软件、中央职能或服务等，分配给被剥离业务，或者留给保留业务。在采访中经常提到的 IT 系统分离就很具有挑战性，并且在至少 5 项救济措施中都出现了相关的执行问题。

人员的分配也对被剥离业务的有效运转非常重要，因此需要各方预先设计。另外在选择剥离方案后，可能需要激励雇员，以鼓励其继续从事被剥离业务。人员分配最有效的办法是在实施过程中对关键人员进行隔离，并对当事人附加一项义务，规定各方有义务向买方提供关键人员，同时提供补偿方案以确保其留任。

当被剥离业务并非完全独立时，研究发现欧盟委员会在剥离过程中既不能完全依靠市场力量，也不能仅仅依靠买方来引导剥离过程，以确保充分的竞争结果。使用监督机制，例如独立管理人员和监督受托人，对正确、及时地为被剥离业务创造激励机制是极为重要的。分割被剥离业务有时是由特别任命的独立管理人员执行的，该管理人员预计将在被剥离业务中留任至转让完成。研究报告强调，从欧盟委员会作出决定的那一刻开始，特别是从分割开始直到转让完成之前，设立这样一位独立管理人员来维护被剥离业务的利益是非常重要的。针对这些问题，应当在未来的指南或者救济法律法规中进一步明确被剥离业务和保留业务之间共享的资产和人员分配的原则；赋予受托人具体的权力，使其不仅可以监督，还可以向欧盟委员会就分配问题提出建议；要求当事方承诺，及时、全面、尽最大努力进行剥离，并对因资产或人员的分配延迟、不完整或不当而造成的资产生存能力或竞争力的损失给予买方赔偿。

本次调查发现，有形资产和无形资产的实际转让通常在资产剥离后很久才完成，特别是在涉及知识产权转让的情况下。在所有 84 项资产剥离措施中，至少有 10% 的买方未能完整地获得所需的资产。在 68 项转移市场份额的承诺中，至少有 15 项涉及严重的资产转移问题。人员调动上也存在着严重的问题。特别是，当转让涉及销售人员、研究人员和任何知识持有人时，经常会出现执行问题。总体而言，处理人事问题总是需要良好的计划和谨慎的实施，尤其必须审慎考虑养老金和其他社会福利计划的转移，因为这些会涉及复杂的法律问题。

本次调研对监督受托人在临时保存和持有分离、剥离、分配、转让和采购方面的职能进行了研究，着重考察选择和任命监督受托人的程序。基于研究结果，执法机构应当在所有剥离救济中任命监督受托人；必须尽早委任监督受托人，至少应比本研究涉及的救济措施更早，因为大部分委任期在欧盟委员会作出决定后往往会延长一个月以上；监督受托人必须具备相应的资格，才能对剥离程序、资产的临时保存及独立程序的保留进行监督。欧盟委员会应特别注意以下几类技能：企业管理、会计专门知识、信息管理和行业知识。受托人与欧盟委员会之间应尽早举行救济启动会议，向受托管理人简要介绍欧盟委员会决定的预定救济目标，以便受托人能够了解哪些部分对有效实施是最重要的，哪些是最容易受到伤害的；欧盟委员会应与受托人举行定期后续会议，以确保受托人能够充分了解其职能和作用范围，并能够从欧盟委员会获得充分的关于如何根据不断变化的情况作出反应的指示；受托人应同意委任独立管理人员，同时独立管理人员应当向受托人报告；受托人的职能应扩大至能够对已剥离业务的资产及人员的转移情况进行监督的程度；在受托人的任务完成后，欧盟委员会与受托人应共同举行简报会，以评估双方对对方工作的满意度，并为今后的案件总结经验。

在研究的 84 项资产剥离承诺中，有 40 项涉及买方是否适合的问题。合适的买方应满足下列要求：拥有必要的财政资源及必要的已获得证明的专业知识；能够维持及发展被剥离的业务，并使之对与各方竞争的有力竞争者起积极作用；具有独立性，与当事方无关；不会引发新的竞争问题，也不增加承诺延期履行的风险；预计能获得监管机构所有必要的监管批准。

评估小组对 10 项承诺中将授予准入权限作为独立救济措施的案例进行了分析。这些承诺，旨在防止可能造成消费者损害的对关键投入、基础设施或技术的排斥的出现，进而维持相关市场的实际或潜在竞争。此外，许多授予准入权限承诺被认为是对另一种救济措施的补充。由于可供研究的案例样本非常少，而且根据后来市场的发展，能够证实救济措施必要性的授予准入权限承诺数量不超过总数的一半，因此研究仅提供有限的关于授予准入权限承诺的一般性结论。

关于基础设施的准入问题，在所研究的四项救济措施中，有三项实际市场发展情况与当事方和欧盟委员会提供承诺时预测的情况大不相同，因为所预测的新兴市场快速发展并未能实现，只有第四项救济措施被证明是有效的。

给予技术准入的救济措施通常涉及知识产权等无形的专有资产。此研究分析了五项独立技术许可的解决方法，以及一些对转让市场份额或退出合资企业承诺进行补充的许可救济措施。两项救济措施都涉及给予非独占许可证的承诺：一项被认为是有效的，另一项则是部分有效的。关于共同许可协议的进一步救济措施被认为是部分有效的。事后看来，其他两项有关获得知识产权的救济措施都被认为是"不必要的"。研究分析了一项涉及终止独家协议的准入救济措施。救济没有产生预期结果，这体现在供应商没有利用新的销售机会，救济的失效主要是由于缺乏经济诱因，这一设计缺陷导致了救济无效。

鉴于上述情况，在设计可行的准入救济措施时，欧盟委员会认为应向足够数量的潜在用户授予关键资产，如知识产权的非独占许可证；许可证应就合适的使用领域、正确的地域范围、是否有足够的时间使获得的资产值回对价等关键问题予以说明，且许可证应包含使其具有商业吸引力的条款（特别是许可证授予的门槛不要太高，应保证被许可人其竞争不会因为许可证的成本而受到限制）；此类承诺不应包含可能向许可证颁发人提供新的竞争优势的条款，例如关于被许可人的销售量等类似的商业敏感信息；许可证不应导致许可证颁发人及被许可人之间协同行为的出现。另外，在涉及授予准入权限的承诺中，审查条款是必要的。通过审查条款对意外的市场动态进行规定，可以确保在这种情况下欧盟委员会对当事方干预的影响是有限的。

研究发现，在欧盟委员会担心少数市场主导者之间可能存在协同行为，且这些市场主导者之间交换的信息的确使他们能够更好地协同其市场行为或更好地监测竞争者偏差的情况下，削弱竞争者市场力量的承诺就显得尤为重要。这项研究主要对一项承诺进行了研究，承诺的内容是在一个市场中将一个占有相当市场份额的产品撤出。该承诺解释说，此措施能够消除竞争重叠。虽然这种救济措施可能在一定程度上增强了竞争，且不能保证通过产品撤出而释放的市场份额不会部分或全部回流向集中方，但产品撤出也的确减少了客户的选择，并破坏了集中方的商业价值。因此，必须以批判的眼光来看待其有效性，尤其是，从研究中获得的信息来看，作为替代方案，剥离或许可品牌和产品的选择似乎是可行的。

这项研究在评估救济措施的设计和实施情况时，主要参考了研究期间获得的有关资料，以及对一些市场指标的评估，例如市场份额的演变情况，由此对研究的每一种救济措施的有效性进行了大致评价。虽然这项研究的侧重点在于详细审查集中救济措施的设计和实施情况，但也首次对救济措施在维护有效竞争方面可能具有的效果进行了说明。另需注意的是，该项研究没有针对每一个相关市场的演变情况进行详细的事后评估，然而，在对所研究的救济措施的实际市场影响及其效力作出确定的结论时，这种评估显然是必要的。

2. 市场指标

评估机构以大部分被评估的资产剥离救济措施为样本，对下列可衡量的参数进行了研究：买方是否仍在运营被剥离资产；在可能的情况下比较被剥离资产和保留资产分别所占市场份额的变化。

研究发现，84 项剥离救济措施覆盖的所有买方中，有 87% 在剥离实施三年至五年后仍在经营被剥离的业务，另有 7% 的买方已将被剥离的业务销售给仍在营业的新买方，出售后仍在经营。因此，总的来说，有 94% 的被剥离企业仍在经营，并由此对合并的实体施加了一定程度的竞争约束。

原买方或后继的买方对被剥离企业的继续经营，是确保剥离救济措施有效性的一个必要非充分条件。实际上，被剥离企业的继续经营，并不意味着买方一定在市场上进行了有效的竞争，而这正是欧盟委员会为保持有效竞争而作出附条件批准并购/经营者集中的用意所在。

市场份额的演变情况可更好地反映出被剥离资产和保留资产的经营状况，从而反映所涉及的救济措施的有效性。然而，这一指标没有考虑到可能对市场份额的演变产生重要影响的其他外生因素。此外，也没有考虑到一个企业即使暂时失去市场份额，也能成为制约竞争有效因素的可能性。

该研究还分析了剥离后三年到五年内被剥离资产市场份额的演变情况，研究获得了56项救济措施的相关数据，占84项资产剥离救济措施的67%。根据该数据，被剥离企业的市场份额下降的概率（44%）高于上升的概率（18%）。其中34%其市场占有率几乎没有变化，而企业消失的概率仅为4%。因此，研究选定了部分救济措施（48%），在这些适用了救济措施的案例中，被剥离企业在剥离后失去市场份额的情况有所不同：有的适度（高达10%），有的则相当显著（超过50%），有的甚至破产了。这些市场份额的损失大多与被剥离的企业在收购时无法弥补最初由剥离造成的市场份额的下降有关。研究发现，只在相对较少的救济措施中，被剥离的企业在剥离后的三年至五年内设法使其市场份额增加了18%。

有趣的是，将30项资产剥离救济措施（36%）中被剥离资产与保留资产的市场份额演变情况进行比较后，发现保留资产在剥离三年到五年后，其业绩往往会超过被剥离资产（57%），而被剥离资产超过保留资产的情况则不太常见（23%）。在另外17%的救济措施中，市场份额的演变情况也是类似的。

3. 总体成效评估

根据上述数据以及研究报告中的调查结果，以及案卷中的许多其他事实，买家、当事方、受托人，有时还有访谈中涉及的第三方的陈述，以及对后续调查问卷的答复，评估小组对各项救济措施的有效性进行了初步的总体评价。这种有效性指标试图根据救济措施实现其竞争目标（即通过防止形成或增强市场支配地位来维持有效竞争），对所评估的救济措施进行分类，具体可分为四类：

（1）"有效"的救济措施能够显著地达成竞争的目的。对于转让市场份额的承诺和退出合资企业的承诺，这意味着被剥离的实体仍然是一个可行和有效的竞争者。在市场封锁似乎已经消除的情况下，这样的救济被认为是"有效的"。

（2）"部分有效"的救济措施遇到的主要是设计和实施问题，在剥离后三年至五年内尚未完全解决，可能部分影响了被剥离企业的竞争力。就这类准入救济措施而言，由于欧盟委员会在某些确定的范围内未给予准入，可能会造成市场封锁的问题没有得到充分解决。

（3）"无效"的救济措施意味着要么未能恢复欧盟委员会有条件审批决定中所预见的竞争状态，要么被剥离企业已不再经营，甚至还出现被剥离企业在三年至五年内没有开始竞争的情况，另外，在评估期内没有获得市场准入许可也可能导致救济措施的无效。

（4）"效果不明"的救济措施指的是对于救济措施是否实现了既定目标并不确定。其原因要么是研究可依据的资料太少，要么是由于不能将救济措施造成的影响与同时期其他外生因素造成的短期影响分开处理。

在研究的 96 项救济措施中，有 85 项可能实施了总体的成效评估。本研究对所有救济措施都进行了评估，其余 11 项由于市场的发展减少了其实施的必要性，进而导致其效力无法被确定。如果救济措施的必要性没有在随后的市场发展中得到证实，这就意味着即使没有救济措施，市场也能维持有效竞争，在这种情况下对救济措施的影响进行评估是没有意义的。这 11 项救济措施中有 5 项是准入救济措施，占所有准入救济措施数量的一半，且大多适用于迅速发展的高科技行业，特别是互联网行业和在线销售行业。研究报告发现，总的来说，在审议每项救济措施的竞争效力时，退出合资企业的救济措施是最有效的，而授予准入权限的救济措施的效力很弱①。

三、调查方法在并购/经营者集中个案评估中的应用

在欧盟委员会对倍耐力/BICC 合并效果的事后评估中，调查方法被作为对事件研究法的重要补充。在该评估项目中，评估小组首先通过事件研究法测算了通过集中的决定对股票市场的影响，进而以调查访谈所获取的信息验证其通过事件研究法得出的结论是否可靠。

在开展调查之前，评估小组首先通过案头研究和专家咨询相结合的方法明确了欧盟委员会作出允许集中决定所依据的关键论点，并对这些关键论点的有效性和完整性进行了分析。

---

① DG Competition，European Commission. Merger remedies study ［EB/OL］. ［2019 - 01 - 01］. http：//ec. europa. eu/comm/competition/mergers/others/remedies_ study. pdf.

关键论点的确定使得事后评估可以只关注那些推动决策的因素，从而避免了重复进行事前分析。为了确定所遵循的关键论点，评估小组遵循了欧盟委员会对集中提案所采用的分析框架。欧盟委员会的分析框架包含在两个文件中，这两个文件构成了集中评估的基础："关于相关市场定义的声明"和欧共体准则。对这些文件的分析表明，欧盟委员会进行的集中评估分为三个步骤：①确定相关市场；②对集中后可能存在的竞争问题进行评估；③如果存在竞争性问题，则考虑任何可能的反垄断因素的影响。评估小组还通过向三位专家咨询明确了关键论点。

（一）对欧盟委员会执法决定关键论点有效性的分析调查

倍耐力/BICC 之间的集中决定显示欧盟委员会对集中案件的分析不仅考虑对历史市场份额的计算，也可以更广泛地考虑公司运作的市场结构。这个更广泛的考虑是当时能源部门的市场正在发生根本性转变造成的。一方面，国家能源市场正在自由化，公用事业公司是电缆生产商的主要客户，而它们正在被私有化；另一方面，欧盟的法律努力消除了所有阻碍建立单一欧洲能源市场的因素。欧盟委员会执法决定的关键论点涉及相关市场和竞争分析两个方面。

1. 相关市场

在欧盟委员会的决定中，欧盟委员会根据电压确定了两个独立的电缆市场：一个用于低压/中压（LV/MV）电缆，另一个用于高压/超高压（HV/EHV）电缆。确定这两个独立的市场主要是基于需求侧和供给侧替代的考虑。

在需求侧方面，集中双方声称，中压和高压电缆可以在一个配电系统内的类似应用中被找到，从而显示出一定程度的可替代性。然而，欧盟委员会指出，单一的高压电缆只能被几条中压电缆取代，这是一种成本更高、技术效率更低的解决方案。欧盟委员会也否决了在不同电缆之间存在"替代链"的争论。在界定一个市场的过程中，两种不是直接替代品的产品有时可以被包含在同一个市场中。例如，产品 B 是产品 A 和产品 C 的直接替代品，但是 C 不是 A 的直接替代品，反之亦然。那么就有一个从 A 到 B 到 C 的"替代链"。尽管不是直接的替代品，但在某些情况下，比如，如果它们受到与 B 的共同关系的约束，A 和 C 就可能被认为处于同一个市场。相反，欧盟委员会的分析强调了三种因素的存在，表明在低压/中压和高压/超高压电缆之间不存在需求侧替换：①不同的预期用途：虽然高压/超高压电缆主要用于国家电网运营商的电力输送，但在区域和地方公用事业以及在运输和建筑行业中使用的是低压/中压电缆；②选择的自由度：用户在选择电压等级时并不自由，因为这是由现有电网的配置决定的；③涉及这些电缆交易的频率和性质有所不同：高压/超高压电缆是以项目的形式进行采购的，所涉及的可能包括项目实施所需的所有配件。相反，低压/中压电缆是以每周甚至每日的采购模式进行的，一般由客户直接购买，并不包含配件。

在供应方面，欧盟委员会认为，不存在足够的替代品来弥补需求的不足。委员会表示，基于合理的时间和有限的成本，高压电缆的生产商可以在合理的时间内建立一条低压/中压电缆的生产线。然而，该结论在预设相反的情况下并不成立。此外，欧盟委员会认为，将现有的设施从高压电缆的生产转换到低压/中压电缆的生产中去，或反之，将会导致电缆价格的大幅上升，因为这一转换将会使设备的效率降低。

相关地理市场的界定对欧盟委员会的决定起到了关键作用，因为它可以确定集中公司竞争对手的范围，从而使整体竞争效果的评估成为可能。欧盟委员会确定相关地域市场为欧盟范围。就欧盟范围内高压/超高压电缆的市场界定而言，欧盟委员会主要考虑三个基本要素：许多欧盟生产商都能够参与所有成员国供应合同的竞争；欧洲关于公共采购程序的立法；欧盟内部贸易流动的存在。欧盟委员会在分析高压/超高压电缆的相关地理市场时强调，这些电缆在欧盟层面没有实行标准化，高压/超高压电缆是根据客户要求的规格，按项目设计的。然而，缺乏标准化并不能阻止位于欧洲不同国家的生产者之间的有效竞争。事实上，欧盟委员会注意到，所有主要的高压/超高压电缆生产商〔NKT，ABB，阿尔卡特－朗讯（Alcatel-Lucent）和萨基姆等〕以及位于欧洲大陆的一些二线制造商都能够满足欧洲招标项目所必要的认证要求。

欧盟委员会在其决定中指出，"公用事业可以在全欧盟实施购买"。这在很大程度上是由于欧共体采购指令，特别是1993年的欧盟理事会第93/38/EEC13号指令的出台导致的，该指令对包括能源在内的多个行业的公司采购程序进行了规范，并确立了不同成员国供应商之间的不歧视原则，还"从法律上要求公用事业公司应该通过官方期刊，发表其在欧洲范围内提交的有线电缆要求"。

欧盟委员会的分析显示，尽管在大多数欧盟国家中都有这种规定，获胜的投标人仍然会是传统的国内供应商。这是由市场上普遍存在的超低价格导致的。然而，在欧盟委员会看来，真正重要的是，如果当地生产商的价格上涨超过竞争水平，就没有什么能阻止客户将订单转到位于其他欧盟国家的公司。高压/超高压电缆市场存在的普遍产能过剩问题也是造成这种情况的原因之一。

欧盟委员会提出的支持高压/超高压电缆地理市场界定的最后一个论点是

社区内贸易流动规模的扩大。在 1999 年，西欧的总消费量中有 21% 是进口的，而 27% 的总产量是出口的。这些流动的上升趋势是由进入壁垒的缺乏、运输成本的低影响和电缆市场的去管制化共同作用所导致的。能源公用事业的管理，主要是通过设定关税的价格上限机制使得需求方更加积极地与电缆供应商讨价还价，并面向整个欧洲以寻求更具竞争力的价格。然而，总体的趋势并不能掩盖各国之间仍然存在的显著差异。例如，英国进口量超过消费量的比例是 47%，在意大利则只有 9%。尽管如此，在欧盟委员会看来，这种异质性是国家放松管制过程的速度不同造成的。

为了确定相关地理市场的边界而进行的比较，是在不同国家的价格水平之间进行的。然而，在倍耐力/BICC 的集中决定中，欧盟委员会认为这样的比较是毫无意义的，因为电缆的价格在很大程度上被认为取决于采购数量和招标项目中涉及的特定电缆规格。出于这个原因，欧洲国家之间现有的价格差异将不能成为支撑高压/超高压电缆市场应该分开界定相关理论的论据。

就低压/中压电缆相关地理市场的界定而言，欧盟委员会则考虑以下三个要素：统一产品标准方面的重大进展；欧洲的公共采购程序立法；欧盟内贸易流动的规模。标准协调的过程，是建立单一欧洲能源市场的基础，始于 20 世纪 80 年代并在 20 世纪 90 年代得到了迅速的发展。欧盟委员会在作出决定时承认，欧洲标准（EN）涵盖了大多数类型的低压和中压电缆，这些标准中的 90% 在欧盟一级采用不到一年就在国家一级执行。另外，除 EN 外，国家规范的存在不被视为是潜在竞争对手进入的障碍。这证明了一些一线和二线生产商的存在，而这些生产商能够满足欧洲主要的公用事业的需求。就欧洲关于公共采购和欧盟内部贸易流动的立法而言，对高压/超高压电缆市场的考量也适用于低压/中压电缆市场。

2. 竞争分析

在审查过程中，欧盟委员会就是否允许集中进行了竞争性评估，即对集中对相关市场发展的影响，对竞争的影响以及对消费者可能造成的影响进行了分析。这些分析从集中可能产生的单边和协调效应开始，考虑买方权力是否存在，对新进入市场的妨碍以及集中的效率是否能够消除反竞争效果。

（1）对高压/超高压电缆市场的竞争分析。

集中后的实体在高压/超高压电缆市场的市场份额为 45% ~ 55%，而主要竞争者阿尔卡特 - 朗讯则占有 10% ~ 20% 的市场份额。欧盟委员会表达了对倍耐力和 BICC 获得单一支配地位以及集中后与阿尔卡特 - 朗讯获得共同支配地位的担忧。欧盟委员会分析了两个反驳单边或协调效应的观点。

集中双方首先主张集中后市场份额高只是电缆工业的过渡状态。欧盟委员会发现电缆市场曾经是"封闭"的市场，在这种市场中，国家供应商在没有外国生产商竞争压力的情况下，可以覆盖国内的全部需求。同时，公用事业公司更加倾向于采用国内供应商，且缺乏严格的价格监管，以及考虑到电缆对其总资本支出的边际影响，因此公用事业公司对价格的敏感度很低。此外，在一些国家，公用事业公司表现出了过度设计它们网络的倾向。而随着欧洲能源市场的逐步自由化，情况开始发生变化。公用事业公司经历了一系列深度重组的过程；它们大多数已被私有化，并且在大多数国家，其输送、分配和维护的职能已被分离。此外，欧洲还以价格上限机制引入了严格的零售关税管制制度。这些价格上限机制的引入，使得公用事业效率的提高超过了预设的水平，从而刺激了公用事业公司讨价还价的积极性。这些监管机制的引入，加上市场饱和程度高（大多数成员国当时电力系统都较发达），导致对电缆需求的减少，进而造成了电力产能的严重过剩。因此，电缆的价格开始下滑，利润空间也随之缩小。欧盟委员会认为这是理解集中的基本原理的关键。集中后企业将通过提高产能利用率，并整合专用电厂的特定电缆类型来提高效率。但这一市场状况并不足以控制单边和协调风险。

相对于电缆市场的过渡状态，欧盟委员会认为足够多的竞争对手的存在，是消除可能出现的单边效应的主要因素，而竞争模式的独特性则是可以用于驳斥共同支配地位存在可能性的关键论据。在高压/超高压电缆市场的竞争性评估中，导致集中决定通过的一个关键因素是在相关市场中合并企业存在足够多的竞争对手。欧盟委员会确定了四家主要供应商，分别是 ABB、Alcatel-Lucent、NKT 和 Brugg，它们在高压/超高压电缆市场的任何欧洲招标中都可以作为集中实体的可靠的竞争对手。其他像希腊的福尔戈（Fulgor）这样的公司也被认为有潜力平等地参与竞争，只要有足够的订单来证明必要的投资足以扩大它们的竞争能力。欧盟委员会认为竞争对手是具有竞争力的，尽管它们的市场份额很低，但这些公司的市场份额并没有反映出它们真正的竞争实力。由于价格水平极低，大多数公司要么专注于海外市场，要么专注于传统的本土市场。然而，在价格上涨的情况下，在供应其他欧盟国家的客户时它们也不会面临任何困难，尤其是在市场上有大量闲置产能的情况下。

欧盟委员会用来否认倍耐力/BICC 和阿尔卡特－朗讯共同支配地位的可能性的主要论据是竞争模式的特殊性。高压/超高压电缆市场是一个招标市场，客户主要是大型国家公用事业公司，它们在欧盟范围内公开招标，严格遵守欧盟指令。招标市场的特点是大型单笔交易以拍卖达成，这种拍卖不经常发生，投标方根据"赢家通吃"原则而获得合同。根据欧洲法例，签约实体有义务在官方刊物上公布它们想要授予的所有合同，以及它们所涉及的招标程序的细节、拍卖参与者的名字和中标者的名字。欧盟委员会认为这种竞争模式激励了倍耐力/BICC和其他生产商之间的有效竞争。但大型招标和"赢家通吃"的原则，无法保证生产商能够经常从单一合同中获得超出默认或明确水平的合作收益。另一个被认为是防止协同行为的基本要素是高压/超高压电缆的市场竞标中缺乏价格透明度。高压/超高压电缆的价格不容易产生协同，因为它们包含重要的服务、民用工程和配件。当公司调整它们的行为时，它们需要能够互相监督，以意识到是否有人偏离了协同的条款。监测的可能性随着市场透明度的增加而增加，而高压/超高压电缆市场缺乏价格透明度以降低协同行为。

欧盟委员会的决定强调了在高压/超高压电缆市场中存在着重要的买方权力。买方权力的概念，正如欧盟委员会指导方针中所解释的那样，是指买方相对于卖方的议价能力，通常从买方的规模和其对卖方的商业意义的角度进行衡量。在高压/超高压电缆市场上，存在着买方权力的供给侧与需求侧由大型国家电力公司主导的情况，如意大利的ENEL、英国的NGC或法国的EDF。这些公司几乎覆盖了高压/超高压电缆的全部需求，购买了集中公司整体销售的大量股份。例如，在决策的时候，ENEL代表了80%～100%的BICC销售，而70%～80%的倍耐力的销售份额给了意大利的公用事业公司。

欧盟委员会在其决定中强调，在电缆价格急剧上涨的情况下，公用事业公司在转向不同的供应商方面没有重大的限制。主要的欧洲公用事业公司确实已经向欧盟委员会表明，如果在价格水平提高5%～10%的情况下，它们将毫不犹豫地转向新的供应商。买方也证实，即使考虑到现有的合同关系，如果它们想要快速地改变供应商，现有的合同关系也不会构成障碍。事实上，鉴于合同权利的重要性，一旦它们意识到市场价格在合同期内发生下降，那么它们就会就合同进行重新谈判。国家的公用事业公司还可以通过鼓励新供应商的进入或吸引小型电缆生产商的扩张来战略性地行使其购买权利。欧盟委员会引用了相对较小的福尔戈（Fulgor）公司的例子，该公司在进入英国市场时受到英国公用事业公司的鼓励。欧盟委员会还确认买方不仅有议价能力，还愿意积极使用其议价能力。

（2）对低压/中压电缆市场的竞争分析。

欧盟委员会对倍耐力/BICC在低压和中压电缆市场上集中的反竞争效应的担忧，与在低压/中压电缆市场上的第二大供应商阿尔卡特－朗讯集中后可能产生的共同支配地位有关。这两家公司集中后，将占据整个市场50%～60%

的市场份额。与考察高压/超高压电缆市场一样，欧盟委员会在考虑低压/中压电缆市场的竞争态势时，也考虑了行业的过渡状态、竞争模式和竞争对手的广泛存在。

首先，低压/中压电缆市场是一个"采购市场"，交易频繁发生，单一投标的价值相对较小。考虑到这两种因素，欧盟委员会承认，个别供应商可能会选择合作，不那么积极地竞标，以免面临价格迅速下跌的风险。此外，在低压/中压电缆市场中，电缆和配件是分开供应的，消除了可能造成价格不确定性的重要因素。尽管如此，欧盟委员会的调查显示，即使在采购市场上，公用事业公司也有多种办法来防止协同行为的发生。客户可以使用框架协议或长期的采购安排，其目的是在一定时间内累计需求量，而这将增加每批产品的价值，为更有效的竞争带来激励。他们还可以使用"按比例分配"的采购流程，即向较小的供应商提供更高的配额，以替代现有的更大的供应商，在这种情况下，传统供应商承受了很大的压力，进而使竞争得到了加强。

就价格透明度而言，欧盟委员会注意到，在低压/中压电缆市场中，尽管投标文件只与电缆有关，但由于缺乏有意义的价格清单和不同的客户对产品规格需求的偏好信息，低压/中压电缆市场的价格透明度仍然不足。

欧盟委员会发现，竞争对手并不只是在高压/超高压电缆生产中运作的个别大型供应商。事实上，在决策的时候，有几家第二梯队生产商，以及一些第三梯队生产商在价格上涨的情况下，能够很快进入这一领域竞争。此外，欧盟委员会强调，在低压/中压电缆市场上的进入相对容易：因为进入市场的投资成本足够低，所以可以使得新的经营者快速进入市场。

（3）关键论点的有效性。

评估小组根据相关市场发展所产生的额外信息来对欧盟委员会决定中关键论点的有效性进行评估。评估小组用于评价关键论点有效性的经验工具与欧盟委员会在事前评估中使用的是相似的。在对客户和生产者的调查问卷中，评估小组重点考察了集中前的两年和之后的三年，即1999—2003年市场的演变情况，以动态的视角对关键论点的有效性进行了检验。这些信息，以及通过电话采访获得的信息和那些公开的信息，使得评估小组能够清晰地了解到电缆市场的情况，并得出如下结论：

第一，相关产品市场确定为低压/中压电缆和高压/超高压电缆两个市场的论点是有效的。

首先，调查显示，欧盟委员会提出的用于证明两类产品没有需求侧替代性的事实主张是有效的。所有参与研究的生产商已经证实，用一根中压电缆连接替代一根高压电缆在理论上可能是可行的，但是这将导致严重的低效率。低效率的原因是输电网是专用于高压/超高压电缆的。与高压电缆相比，运输能量更少的中压电缆会导致能量损失并造成电线出现过热的情况。调查分析证实，低压和中压电缆主要用于电力的分配，而高压和超高压电缆则用于电力的输送。调查显示，在相关期间，所有公用事业单位都是在电力的输送过程中使用高压电缆，所以一般不考虑用低压电缆替代这种电缆。评估小组的分析证实了这两个电缆市场在三个主要方面存在差异：①交易额度差异：在高压/超高压电缆市场中，单笔交易的平均金额明显更高；②交易频率差异：高压/超高压电缆由国家公用事业公司通过招标购买，一年不超过两次，而低压/中压电缆是通过每日或每周的现货交易购买；③供应商的性质差异：高压/超高压电缆完全由制造商购买，而低压/中压电缆是通过分销商和批发商完成购买的。

其次，欧盟委员会认为，供应方面的替代是有限的，而且这种替代是不对称的，因为只存在从高压电缆的生产转到低压/中压电缆生产的可能。有限的供给侧替代主要基于两种事实主张：低压/中压电缆生产商不可能在合理的时间内以有限的成本建立一条新的高压/超高压电缆生产线；现有的生产设施转换成不同电压电缆的生产将会导致效率的巨大损失。调查收集到的信息支持上述两个主张。

总体而言，调查收集的证据证实了欧盟委员会相关产品市场界定的有效性。由于缺乏需求侧替代和有限的供给侧替代，低压/中压电缆和高压/超高压电缆在集中决定公布时属于两个独立的市场。而这一相关市场的界定在集中后的几年内依然有效。

第二，相关地理市场确定为欧盟是有效的。为了评估欧盟委员会决定中所包含的相关地理市场界定的有效性，评估小组采用了两种方法。首先，评估小组查阅了1999—2003年客户提供的交易记录；其次，评估小组对调查中收集的数据以及那些公开可用的数据进行了分析，以确定欧盟供应商在参与所有成员国的招标时是否会面临阻碍。

欧盟委员会的事实主张之一是在欧盟层面缺乏标准化的、不妨碍许多欧盟生产商争夺各个成员国的供应合同。在高压/超高压电缆市场中，没有固定的产品标准，电缆是根据客户需求量身定制的。每个项目通常设计有配件和服务的供应，具体内容可能会根据传输网络的国家配置的变化而变化。但是，参与调查的生产商证实，国家标准的存在并不妨碍它们在欧盟范围内的供应活动，在相关期限内，它们符合国家标准的供应能力实际上已经有所增强。事实上，所有主要的跨国有线电视制造商都会定期地参加欧洲的主要投标，其中包括普睿司曼、耐克森、ABB、通用电缆和 NKT 等公司。

评估小组对欧洲各地的客户样本，特别是意大利和英国这两个并购公司所在国签订的相关合同，主要针对哪些公司参与了投标、哪些公司赢得了投标进行了研究。此外，为了解研究期间市场的变化，评估小组还收集了有关新供应商数量和国籍的相关信息。通过分析上述信息，评估小组发现了有关高压/超高压电缆市场开放程度的若干迹象。在需求方面，有大量经验丰富的客户在欧盟范围内进行投标。而欧洲各地的几家供应商也会定期地参与这些招标，其中最常出现的公司是普睿司曼、耐克森、ABB、通用电缆和 NKT。在这些合同的授予中没有发现任何有关歧视的证据。大多数合同由非本国的欧盟成员国公司赢得，这清楚地表明相关地理市场是覆盖了整个欧洲的地理维度的。

上述结论的唯一例外似乎是意大利，意大利公司 Prysmian 和 Nexans Italia 几乎满足了本国对电力电缆的全部需求。其他公司偶尔也会参加投标，但在研究所涉期间，它们没能够赢得任何重大的合同。

欧盟委员会的事实主张之二是欧洲关于公共采购程序的立法保证了来自不同成员国的供应商之间不存在歧视。欧洲范围内的相关地理市场界定的另一个关键因素是欧盟关于水、能源、运输和邮政部门公共采购的立法。欧盟委员会的决定参考了经指令 98/4/EC 修订的指令 93/38/EEC。指令对这些部门的公共采购活动进行管理，并要求签约实体确保不同成员国的供应商之间不存在歧视。根据这些指令，公用事业公司在法律上被要求通过在欧盟官方公报上公布投标文件，在欧盟标准的基础上将所有的电缆要求提高到一定的门槛。近年来，欧盟委员会在促进公共采购程序立法方面付出了很大努力。这一进程在指令 2004/17/EC 批准后达到了顶峰。该指令重申了来自不同成员国的供应商之间的不歧视原则，强调技术规范不能用于制造竞争的障碍。特别是，公用事业公司必须参考国家标准，即转置欧盟标准、欧盟技术认证和国际标准。该指令所载的若干准则对关于避免歧视的缔约实体需要履行的透明度标准进行了详细说明。这些指令在高压/超高压电缆市场中发挥了关键作用。事实上，调查证实，由于交易本身价值很高，这个市场内几乎 100% 的交易都是在欧盟范围内进行的。客户有时会采用资格预审机制，以限制参与单次投标的供应商数量，并简化奖励程序，且这些措施始终符合上述欧盟指令中规定的采购规则。

欧盟委员会的事实主张之三是在大多数欧洲国家，中标者主要是国内供应商的原因是市场价格低廉。评估小组对 1999—2003 年发布的招标文件进行的研究表明，高压/超高压电缆市场是开放且有竞争力的，并且开放程度在过去的几年里有所增加。这证明了欧盟委员会决定的正确性。然而，在某些情况下，合同几乎只授予国内供应商，就像意大利的情况一样。为了解释这种现象，评估小组在调查中明确地询问了哪些因素促使它们选择了当时的供应商。调查问卷包含一个具体的问题，目的在于了解供应商所在地对于这种选择是否存在影响，以及一系列其他因素，包括产品价格、产品物理性质、供应商的声誉和交货的时间之间存在的相关性。从这个问题的答案中可以看出，在高压/超高压电缆市场中，供应商的地理位置对买方的选择没有任何影响：在被调查的公司中，85%的公司根本不重视供应商的所在地。

欧盟委员会的事实主张之四是运输成本对整体生产成本的影响非常低。从评估小组的调查来看，估计运输成本的平均发生率不超过产品价值的3%。这些估计值与欧盟委员会决定中所载的估计值相一致，并确认了运输成本不会对那些想要在其他成员国投标中争取合同的供应商造成障碍。欧盟委员会的逻辑是欧盟国家之间现有的价格差异不能说明单一国家的相关地理市场的存在。这个逻辑命题是成立的，因为产品价格、所购买的产品数量和每个项目的具体特征间的联系如此紧密，因此，将单一国家作为相关地理市场是没有依据的。总之，收集的证据证实了欧盟委员会关键论据的有效性。供求替代的存在为无论是在执法决定作出时还是集中后的几年中，欧盟始终是高压/超高压电缆市场的相关地理市场提供了直接证据。调查还显示，未来这一相关地理市场还可能会进一步扩大，因为之前主要分布在东欧、亚洲（中国、韩国）和中东地区的几家非欧盟公司进入了相关地理市场。

评估小组同样分析了欧盟委员会关于低压/中压电缆产品的相关地理市场为欧盟的认定。为了评估欧盟委员会决定中包含的相关地理市场界定的有效性，评估小组采用了与高压/超高压电缆市场中相同的方法，回顾了所调查客户1999—2003年期间的相关交易记录，评估小组通过分析调查中收集到的量化数据以及公开提供的数据，对是否存在国家之间的竞争障碍进行确定。

与高压/超高压电缆市场相同，对于低压/中压电缆市场，除去贸易流的相关情况，评估小组已经验证所有事实主张和逻辑主张。

欧盟委员会的事实主张之一是低压/中压电缆市场中标准统一的先进工艺使得来自不同欧盟成员国的供应商就相同的合同进行竞争成为可能。在倍耐力/BICC集中决定批准时，低压/中压电缆市场的标准协同过程已进入完成阶段，分析发现，在集中后的几年中，这一过程并没有出现逆转。低压/中压电缆一直是欧洲标准组织持续付诸努力的对象，而该组织制定了欧洲标准和协调文件，以整合出单一的欧洲能源市场。除了欧洲和国际标准外，每个公用设施都可能有自己的规格要求。尽管如此，市场供应方的分析显示，所有位于欧洲的主要生产商都拥有满足欧洲主要客户需求的技术能力、生产能力和相应认证。在这些生产商中，如普睿司曼、NKT、通用电缆、ABB 和耐克森等公司都是大型跨国公司，并在这两个市场有所运作。除了这些一线制造商外，另外几家二线制造商同样有满足整个欧盟需求的能力。

欧盟委员会的事实主张之二是欧洲关于公共采购程序的立法保证了不同成员国的供应商之间不存在歧视。上述关于欧洲公共采购程序立法的考虑也适用于低压/中压电缆市场。但实际上，一些采购价值低的交易可能在欧盟立法规定的程序以外发生，这样的采购基本发生在低压/中压电缆市场中，因此这一立法对低压/中压电缆市场的影响较小。为了验证标准化进程和欧盟立法是否保证了来自不同成员国的供应商都能够有效地参与欧盟所有的招标，评估小组还收集了参与调查客户的交易记录。从对这些记录的分析发现，低压/中压电缆市场相对开放。尽管大多数合同的获得者都是来自买方本国的供应商，但评估小组也发现，位于其他成员国的几家公司也参加了投标。评估小组还注意到，在市场需求方面，低压/中压电缆市场的市场结构更为复杂。主要客户中有当地的公用事业公司，而这些公司一般都经营着与能源业、运输业和建筑业相关的业务。如果将当地的公用事业公司纳入考量，特别是那些通过招标购买大量电缆的公用事业公司，那么在 1999—2003 年把欧盟市场当作相关地理市场，则是合适的。例如，以参与调查的一家大型英国公司为例，它与外国供应商签订的合同数量有所增加。在这种情况下，意大利并不是一个例外，因为意大利主要的公用事业公司会从欧洲各地的供应商处购买电缆。在查看能源和交通运输行业相关公司的交易记录时，评估小组注意到这些公司倾向于不通过招标程序购买电缆，甚至几乎只从国内供应商处购买电缆。但是，这些公司相对于低压/中压电缆市场的整体需求量而言，重要性很小。

欧盟委员会的事实主张之三是在大多数欧洲国家中，中标者大多是国内供应商。该情况可归因于由极低价所带来的市场优势。交易记录分析表明，1999—2003 年，欧洲公用事业公司增加了向国外供应商采购的订单数量，而仍选择国内供应商进行采购的情况，则通常因为该订单的电缆购买量相对较少。为了解供应商所在地是否会影响客户的选择，评估小组对低压/中压电缆市场的客户进行了询问，了解是哪些因素促使它们作出选择，接受调查的公司中，有 75% 的公司声称当选择合同签订对象时，它们并没有考虑供应商的所在地址；而其余的 25% 则声称，所在地的重要性很小，权重在 5% ~ 10%。欧盟委员会对于高压/超高压电缆市场的竞争分析是有效的。截至 2003 年，所有欧盟国家都在其网络中采用了第三方准入（TPA）管理制度，并且其中大部分都实行了价格上限机制。这使得国家和地方电网的运营商成本大幅削减，从而导致了基础设施支出的减少、电缆需求的下降。随着电价调控措施被引入大部分欧盟国家，这些国家的输电网络投资水平也逐渐下降，相应地也导致了对电缆需求的减少。其中，将替代能源连接到网络的需要，以及将架空线路转移到地下的需要，部分抵消了这些下降趋势。然而，欧盟委员会决定中描述的情况似乎仍是有效的。在市场供应方面，高压/超高压电缆的市场被大型跨国公司垄断，这些大型跨国公司在欧洲各地都拥有生产工厂和分销网络，他们大多通过并购来增加市场份额，试图以此巩固自己的市场地位。例如，NKT 于 1999 年与 F&G Kabelwerke Gmbh 集中，并在克隆基础上建立了 NKT 电缆 Gmbh 公司。另外，阿尔卡特－朗讯电缆事业部于 2000 年成立耐克森公司，收购了两家意大利公司和一家德国公司，并继续在欧洲市场发展。并购浪潮表明，电力供应商试图重组自己的生产能力。这一集中过程也由欧洲各地工厂关闭的情况所证实，欧洲主要供应商也已证明这一点。总之，输配电行业公用事业规制的演变、对电缆的需求趋势、市场供给方面的演变，都证实了欧盟委员会决定中关键论证的有效性。该关键论证就是，集中是电缆行业经历的一般重组过程的一部分。在竞争对手方面，评估小组认可欧盟委员会的评估，特别考虑到上述公司的行业性质和实力。这些公司大多具有在欧洲各地供应电缆的技术和能力，因为它们大多数都在欧洲范围内拥有生产和配送的相关设施。事后评估同样证实了欧盟委员会关于竞争模式的观点。

欧盟委员会的事实主张之四是运输成本对整体生产成本的影响非常小。评估小组的调查确认，运输成本占电缆总价的 3%。

欧盟委员会的事实主张之五是电缆的价格在很大程度上取决于采购数量和每个招标项目中包含的不同的产品规格。关于市场价格的考虑，对高压/超高压电缆市场的分析也适用于低压/中压电缆市场。

总之，收集的证据证实了欧盟委员会对相关地理市场界定的有效性。供求替代的存在，是证明低压/中压电缆市场具有欧洲维度的直接证据。这个定义在集中决定通过时当然是有效的，并且在集中之后的几年内仍然有效。

第三，欧盟委员会在执法决定中进行的竞争分析是有效的。如上文所言，推动高压/超高压电缆市场竞争性评估第一阶段的事实主张和逻辑主张与三个一般性论点有关：电缆行业的过渡性状态，竞争对手的性质和实力，竞争的模式。电力部门的自由化，尤其是新监管制度的引入，决定了电缆需求的明显下降，并使得电力公司在采购时抱以更为积极的态度。这些因素反过来又导致了电缆供应商利润率的下降。在这种情况下，欧盟委员会将集中解释为巩固过程的一部分，通过集中可以更好地利用产能，从而提高效率。欧盟委员会所用的论据包含对有线电视市场未来发展的隐含预测。欧盟委员会认为，价格上限机制将会适用于大多数欧洲国家。因此，需求的下降趋势将会继续，供应方的整合进程也会持续。

为了验证这些论点的有效性，评估小组研究了公用事业公司在输配电领域管理的演变过程、有关时期需求的变化趋势，以及市场供给方的演变过程。由于每个国家都是在欧洲立法提供的总体框架内作出自己的选择，因此难以对传输和分配部门监管框架的演变规律进行总结。鉴于分析的目的，有两个因素——第三方准入（TPA）管理制度的变化和关税制定机制的演变——值得特别关注。第三方准入（TPA）管理制度是指管理第三方接入传输和分配网络的一套准则。欧洲指令 96/92/EC 规定，传输系统运营商（TSO）和配电系统运营商（DSO）必须提供非歧视性的 TPA 管理制度。各国可以在受管制的 TPA 管理制度和协商确定的 TPA 管理制度之间进行选择。根据协商的第三方访问方法，每个用户与运营商可以就访问模式达成合同。而在受管制的框架内，相关国家监管机构负责确定接入资费。欧盟委员会表示，这种方法可以使有效、公平地分配接入资源变得更加简单。在分析期，这一过程得到了进一步发展，其表现在于 2003 年第二电力指令（2003/54/EC 指示）的批准。促使第二电力指令通过的一个原因是，一些国家，如德国，存在谈判达成的 TPA 管理制度，这被视为建立充分竞争的市场的障碍。在传输和分配领域，由于新的监管框架实行了 TPA 管理制度，第三方获得了根据公布的关税以不歧视的方式接入网络的权利。在采用受监管的 TPA 管理制度之后，对于了解电缆市场中客户与生产商之间的关系变化、零售电价监管的演变至关重要。价格上限机制的引入对 TSO 和 DSO 产生了激励，使成本得以降低。关于欧盟零售关税的调控演变，一般调查显示，尽管发生于不同时间，大多数国家都采取了价格上限机制。这一机制为降低成本提供了强有力的激励措施。

一些国家，在欧盟委员会作出决定之前其价格上限机制就已生效，如英国和意大利。在意大利，随着 1995 年国家监管机构的成立，AEEG、TSO 和 DSO 设想的关税制度即为价格上限机制。该机制已经根据第二电力指令进行再次审议，重新制定了价格上限的设计标准。而另一些国家（第一个四年监管期始于 1999 年，而第二个始于 2004 年），价格上限机制则是在欧盟委员会作出决定之后生效的，如丹麦。为响应第二电力指令，丹麦采取了价格上限机制以设定关税。国家监管机构 DERA 成立于 2000 年，接入分配和传输网络最初基于网络运营商与其客户之间的双边谈判。从 2004 年起，DERA 为 TSO 和 DSO 引入了价格上限监管机制。德国的情况较为特殊，该国的网络是为数不多的以自愿竞业协议（NPA）为基础，而不是以受监管的第三方准入为基础的网络。2005 年 7 月，德国《能源工业法案》（*EnWG*）生效后，情况开始改变，新的德国网络监管机构 Bundesnetzagentur 开始工作，并已实行对关税的事前监管。起初，所有的关税变化都必须定期获得监管机构的批准，但德国计划于 2007 年向基于激励机制的监管模式（价格上限机制）进行过渡。最后，像瑞典等国家，没有引入价格上限机制，关税设计也没有遵循明确的规则，这给监管造成了困难。其中瑞典的监管情况与其他大多数欧洲国家在两个方面表现出了明显的差异：第一，没有事前监管制度，但有事后监管制度。关税由公司决定，然后再由国家监管机构审查。第二，评估关税的参考模型并不基于公司的经营成本，而是根据 PAMEN（电力网络性能评估模型）进行的绩效评估的结果，此举非常具有创新性：它以客户为基础，其目的是评估关税是否合理。这个系统可能减少了公司对于降低成本的压力，因为它们的利润更多是与整体性能挂钩，而非通过降低成本获得。

总而言之，截至 2003 年，所有欧盟国家都在其网络中采用了受管制的 TPA，并且其中大部分都实行了价格上限机制。这使得国家和地方电网的运营商成本大幅削减，从而导致了基础设施支出的减少及电缆需求的下降。随着电价调控措施被引入大部分欧盟国家，这些国家的输电网络投资水平也逐渐下降，相应地也导致了对电缆的需求减少。其中，将替代能源连接到网络的需要，以及将架空线路转移到地下的需要，部分抵消了这些下降趋势。然而，欧盟委员会决定中描述的情况似乎仍是有效的。

在调查期间，高压/超高压电缆的市场被大型跨国公司垄断，这些大型跨国公司在欧洲各地都拥有生产工厂和分销网络，大多通过并购来增加市场份额，试图以此巩固自己的市场地位。例如，NKT 于 1999 年与 F&G Kabelwerke Gmbh 集中，并在克隆基础上建立了 NKT 电缆 Gmbh 公司。另外，阿尔卡特－朗讯电缆事业部于 2000 年成立耐克森公司，收购了两家意大利和一家德国公司，并继续在欧洲市场发展。并购浪潮表明，电力供应商试图重组自己的生产能力。这一集中过程也由欧洲各地工厂关闭的情况所证实，欧洲主要供应商也已证明这一点。总之，输配电行业公用事业规制的演变、对电缆的需求趋势、市场供给方面的演变，都证实了欧盟委员会决定中关键论证的有效性。该关键论证就是，集中是电缆行业经历的一般重组过程的一部分。

加上关于该行业过渡状态的两个事实主张，欧盟委员会的论点也包含了一个合乎逻辑的命题，即价格上限机制为客户提供强大的激励机制，使得客户可以通过减少投资和更积极的讨价还价方式来降低成本。经济理论证实了这个命题的有效性。事实上，这些机制在历史上曾经被引入过，因为它们能影响公用事业的效率，能够使消费者获得更低的价格，降低成本并使得客户更积极地进行讨价还价，其动机来自在价格上限中没有明确设想的总节约成本量，而这会增加企业利润。因此，在利润最大化企业的存在下，这种机制提高了企业的成本效率。

关于竞争对手，欧盟委员会认为，至少有四个可信的供应商是必不可少的，因为它们可以确保市场的有效竞争。评估小组的分析已经证实，欧盟委员会在决定中指出的竞争对手，即 NKT、ABB、阿尔卡特－朗讯和 Brugg，在1999—2003 年是大多数欧洲招标中可靠的竞标者。其他公司也在市场上占有重要地位，其中最重要的是美国公司通用电缆和希腊公司 Fulgor。通过对调查收集的投标记录进行分析，结果表明，因为没有竞争者大量进入，欧洲投标竞争者的数量在相关期间内没有增加。而这与欧盟委员会在该决定中所表达的观点是一致的，该观点认为，因为需要时间和高额投资，新竞争者进入市场特别困难。另外，为了评估该论点的有效性，有必要了解四个可信竞争者是否足以保证有效竞争的存在。在这方面，评估小组认可欧盟委员会的评估，特别考虑到上述公司的行业和实力。这些公司大多具有在欧洲各地供应电缆的技术和能力，因为它们大多数都在欧洲范围内拥有生产和配送的相关设施。

就竞争模式而言，欧盟委员会认为招标程序的性质发挥了至关重要的作用，其被认为足以对由倍耐力/BICC 和阿尔卡特－朗讯创造的共同支配地位产生影响。不常见的大规模交易与"赢家通吃"原则一起为竞争创造了激励作用。此外，缺乏价格透明度阻碍了企业之间的有效监督，从而减少了协同行为的范围。调查分析证实了欧盟委员会论证的有效性。在高压/超高压电缆市场，一年平均会有两次合同被授予生产商，这是一个相对较低的频率。合同的平均期限为一年至两年。就每个合同标的的平均价值而言，其平均价值接近 5 万欧元。此外，合同总是按照"赢家通吃"原则授予。

就价格透明度而言，调查证实，很难从投标价格中得出电缆的价格，因为这些价格包括安装费、各类配件费、专业操作费和建筑工程费等费用。基于上述事实，可以认为在招标市场中，协同行为不太可能出现，因为缺乏价格透明度使协同行为变得不太可能。经济理论证实，上述第一个逻辑命题只有部分有效。事实上，在具有上述特征的投标市场中，可能较难拥有共同支配地位，原因有二：首先，根据"赢家通吃"原则授予的合同，常常覆盖面广且可重复性不高，该合同的特征使得不与他人协同进而获得成功的收益变得非常高，且具有吸引力，并因此可能阻止协同行为的产生。其次，除非对偏差的处罚足够严厉，否则协同行为是不可持续的。如果一个市场的特点是不经常发生大规模的交易，那么一个足够严格的威慑机制可能难以被建立起来，特别是当受到惩罚的损失可能是不确定的，只会经过一段时间后才会显现。然而，对以招标程序分配交易的市场进行规范，并不能完全阻止协同行为的出现。有学者指出，在存在市场进入壁垒的情况下，特别是当投标不遵循"赢家通吃"原则时，"普通"经济市场中的协同行为可以像在拍卖和投标过程中那样容易出现。因此，竞争主管机构不能仅仅依靠招标来排除共谋造成的风险，而必须确保市场不具有令协同行为出现的特征。

就第二个逻辑命题而言，评估小组对其有效性表示了严重的怀疑。诚然，如果企业不能相互监督，则想要实施协同是非常困难的；如果价格难以确定，则有效监测的范围也会缩小。但是在招标市场上，协同也可以以共谋企业间合同分配的形式实施。因此，评估小组认为，仅仅对价格透明度的分析并不能提供关于协同行为可能性的重要信息，尤其是在以招标程序对交易进行分配的市场中。

欧盟委员会的决定中包含有三个有关买方权力问题的论据：市场需求方主要是大型国家公用事业公司，几乎覆盖了高压/超高压电缆市场的全部需求；国家公用事业公司在切换到不同的供应商方面不存在重大限制；国家公用事业公司也可以通过鼓励新供应商的进入来战略性地行使买方势力。

在欧盟委员会的决定中，买方势力的存在是一个关键因素，它能够抑制集中公司任何潜在的滥用行为。高压/超高压电缆市场中的买方主要是运营输电及其周边相关业务的大型国家公用事业公司，它们对卖方的商业意义重大。事实上，几乎每个成员国所有对于高压/超高压电缆的需求都来自于国家 TSO。

评估小组的分析证实了欧盟委员会的观点。交易性质在相关期间内没有变化。欧盟能源市场的自由化进程并没有对输电网运营商购买力的相关变化起决定性作用。事实上，这些公司的所有权结构已经发生了变化，正如在意大利的相关市场中，电网资产从 ENEL 传递到 GRTN，但这并没有改变意大利传输系统的竞争模式或对运营商作为买方的商业意义造成影响。参与调查的客户已经证实，如果它们现有供应商的报价已经超出竞争水平，它们将毫不犹豫地转向新的供应商。此外，通过一个新的重要订单，它们就有可能改变供应市场的格局，使以前相关市场中的一个小公司转而成为一个重要的市场参与者。能源部门的自由化和监管进程，改变了公用事业公司利用其购买力的积极性。前文已指出，价格上限机制使客户做出了更积极的行为。

欧盟委员会的分析还包含两个逻辑命题：价格上限机制激励买方积极行使买方势力；强大的买方势力可能会破坏任何协同的企图，使得市场力量得以真正地发挥出来。关于第一个命题的有效性，在讨论电缆行业的过渡状态时我们已经对其进行了讨论。第二个命题与当时的经济理论是一致的：积极利用买方势力可以确保市场上的有效竞争，并防止潜在协同行为的出现。有关协同行为的经济学理论证明，企业必须满足激励相容性约束才能建立稳定的协同均衡。这个约束的强弱取决于通过实施协同行为可能获得的利润多少，以及企业通过拒绝协同行为而获得的收益大小。协同结构越稳定，实施协同的利润就越高，拒绝协同的获益也就越低。

具有议价能力的买方可能会对这两个变量造成影响，并减小协同的可能性。它可以约束协同企业通过实施协同行为获得更高利润的可能性，从而抑制协同的实施。此外，相对于市场规模而言，需求量大的买方可能会通过提供利润高且具有吸引力的合同，来吸引其中一个实施协同行为的企业放弃协同。大公司通常都是老练的买家，因此，能意识到这些战略机遇的价值，并在发现经济诱因时利用它们。价格上限机制和任何其他类型的"激励"规定使得它们更有可能使用这些策略。因此，当市场需求方具有强大的议价能力，且存在恰当的激励机制时，实施协同行为出现的可能性就会较小。

同样，欧盟委员会关于低压/中压电缆市场竞争的分析也与三个因素有关：电缆行业的过渡状态、竞争激烈的边缘的存在以及竞争的模式。低压/中压电缆既可用于配电业务，也可用于不同行业的公司，意味着对这些电缆的需求反映了这些行业的不同投资趋势。为了检验欧盟委员会论证结果的有效性，评估小组主要研究了1999—2005年低压/中压电缆的需求模式。研究显示，公用事业需求呈下降态势。根据调查收集的信息，全年需求每年会下降4%～5%。客户和生产商都认为造成下降的主要原因是能源部门进行的自由化进程以及提高效率的法规的引入。这一发现证实了欧盟委员会论证结果的有效性。电缆生产商面临着地区公用事业投资水平的下降，以及相应的需求的下降。这种趋势又被建筑业对低压/中压电缆日益增长的需求所抵消。

高压/超高压电缆市场供应商的整合过程也影响到了低压/中压电缆市场。这不仅是因为高压/超高压电缆供应商也参与了低压/中压电缆的生产，还因为低压/中压电缆专业生产公司之间发生了一些重要的兼并。德拉卡和NFT于1999年的集中就是一个例子。总之，评估小组对输配电领域的公用事业管理、低压/中压电缆需求趋势以及市场供应方面的变化的分析已经足以证实欧盟委员会决定中提出的关键论点。

　　关于竞争的模式，欧盟委员会的分析中包含有两个事实主张：低压/中压电缆市场是一个采购市场；公用事业公司使用的框架协议和长期采购的模式提升了单笔交易的价值。在低压/中压电缆市场中，欧盟委员会的决定强调了客户使用框架协议或长期合同的可能性，它们以此提高交易价值并降低交易频率。这足以弥补高压/超高压电缆市场竞争模式造成的影响。事实上，低压/中压电缆市场在决策中被描述为采购市场，该市场内交易频发，每笔交易的平均价值相对较低。调查显示，在研究的相关时期内，低压/中压电缆市场的交易组织情况非常特别。在这个市场中，买方可以被粗略地分为三组，每组买方会根据不同的机制完成交易。第一组是在高压/超高压电缆市场中经营的买方：通过不频繁的投标获得合同；它们的合同平均价值相对较高，甚至高于高压/超高压电缆市场，合同期限从一年到五年不等。对于第一组买方，一般会使用供应商框架协议或其他资格预审制度来筛选供应商，这些通过筛选的供应商就获得了投标资格。第二组买方通过招标和现货交易购买电缆，通过投标获得的合同具有类似于第一组交易合同的特征，不过它们的合同平均价值较低，而且这类现货采购非常频繁且价值很低。最后一组买方通过频繁的招标采购电缆，合同期限为两年到三年，价值相对较低，这一组通常会涉及资格预审系统的使用。供应商之间的差异证实了欧盟委员会论证的有效性。但是，调查也发现，公司有多种提高它们交易平均价值的方式，如适用框架协议或长期合同。

　　基于观察到的市场特征，欧盟委员会分析得出两个结论：低压/中压电缆市场缺乏价格透明度，不太可能出现协同行为；需求量或者说买方势力是影响协同行为成功实施的一个因素。就第一个结论而言，评估小组认为仅仅是价格机制透明度的缺乏，还不足以排除潜在共谋行为的可能性，尤其是在通过招标机制分配合同的市场里。关于第二个结论，评估小组认为缺乏价格透明度并不足以排除产生协同行为的风险，因此竞争主管机构必须时刻监控市场，以确定市场是否缺乏阻止协同行为出现的其他因素。

　　欧盟委员会对低压/中压电缆市场竞争环境的分析中包含一个事实主张，即在该市场内存在广泛的竞争对手。评估结果的分析论证了欧盟委员会的论点。除了在两个市场都有经营的大型制造商之外，在相关时间内，许多二线生产商也在低压/中压电缆市场中经营。二线生产商的显著特点是，它们的供应范围更加有限。这些生产商中，大多数要么向本国的公用事业公司供应电缆，要么专门向小众应用供应。

　　事实上，在低压/中压电缆市场中有很多二线生产商，但是并不能保证这些生产商与一线生产商的竞争水平相同。例如，地区公用事业可能只在小额交易中与二线生产商买卖，而高价值的订单仍然只与一线生产商交易。如果这样，二线生产商的存在实际并不能保证竞争的有效性。评估小组通过对低压/中压电缆买家交易记录的分析得出，二线生产商会与主要的一线生产商争夺合同，这增强了欧盟委员会论证的有效性。欧盟委员会的分析除了声称存在广泛的竞争对手外，还有一个合理的命题：边缘竞争者可以使协同失衡。这一主张得到了主流经济理论的支持，该理论称，关于参与协同的企业设定价格的能力，竞争边缘对其能有所制约。这些企业操纵供给市场，使得参与协同企业的剩余需求更有弹性，从而使其能以较低的价格达成协同均衡，并维持较低的利润。既然协同利润水平的下降将对协同行为的稳定性产生负面影响，竞争条文的存在也会降低协同行为的风险。

评估小组对欧盟委员会决定的事后评估应确定决定中遗漏的所有关键因素，以及遗漏因素相关程度作出判断。评估小组认为，欧盟委员会的分析省略了两个因素：其一，价格透明度和协同行为的相关性；其二，集中可能带来的效率变化。欧盟委员会忽略的第一个问题是价格透明度，在没有反补贴因素时，关于竞争问题的决定部分，欧盟委员会注意到缺乏价格透明度是阻碍倍耐力/BICC 集中案中协同行为出现的一个因素。这个推理忽略了虽然一般情况下价格难以被观察到，但是有效监控的范围是减小的，在招投标市场上，协同行为也可以以分公司间协同的形式发生。评估小组认为欧盟委员会在分析时忽略了这个因素。

在欧盟委员会的分析中，被省略的第二个因素是没有考虑到集中产生的潜在效率。欧盟委员会提到，集中必须被视为对需求方重组过程的"有效"回应，它并没有明确考虑集中可能产生的效率或其规模的变化。正如在欧盟委员会的指导方针中可以看到的那样，集中可能会带来各种类型的效率提升，从而导致价格下降，或者给消费者带来其他好处。生产或分销中成本的节省，可能会使集中后的实体有能力、有积极性来收取较低的价格。而研发和创新领域的效率能得到提高，消费者也可以享受其所带来的新的、改进的产品或服务。在考虑集中协同行为的可能性时，对效率收益的分析是与其相关的。被集中的实体可能会获得提高效率的动力，促使其提高产量并降低价格，从而削弱了与竞争对手协同的动力。

对欧盟委员会决定中省略的关键因素的分析，必须适当考虑这些不作为的后果，并考虑它们的相关性。关于第一个省略的因素，由于其他因素的存在，这种省略因素的相关性被减弱了。在高压/超高压电缆市场中，一些能替代竞争对手的强大存在，以及国家公用事业公司的重要买方势力，都能阻止协同行为的实现。在提高效率方面，集中所产生的潜在效率，并不会是改变决定的标志性因素，这只会加强欧盟委员会论点的说服力。该情况意味着这种省略不会使决定无效。此外，考虑到集中产生的效率是潜在的反补贴因素，在新的MCR和欧盟委员会的实践中，只有倍耐力/BICC的集中决定体现了这一点。根据法规4064/89，倍耐力/BICC的集中决定被通过。该法规已于2004年被第139/04号条例所取代。同年，欧盟委员会发布了横向兼并指南。而关于是否需要在集中的竞争性评估中包括效率的分析，在作出决定时还没能达成一致，对于效率分析的规定在这之后才被明确提出。

鉴于这些考虑，评估小组得出结论，在欧盟委员会的决定中被忽略的两个因素并不会对集中的总体竞争性评估产生显著影响，并且这些因素的纳入不会改变欧盟委员会作出的决定。

（二）对集中后市场变化的调查

正式调查涉及通过书面问卷或一系列访谈，直接从参与者即电缆市场的主要竞争对手和主要客户处收集数据。评估小组也对相关市场主体进行了深度访谈，以便更好地了解市场在集中之后，尤其是1999—2003年所发生的变化。问卷发给了包括客户和供应商在内的44个市场参与者。所选择的公司在意大利、德国、英国、瑞典、西班牙、荷兰、比利时、法国、希腊和瑞士这10个不同的欧洲国家运营。在这44家公司中，有15家填写了调查问卷，整体回复率为34%。评估小组还通过电话采访对问卷进行了补充，收集到7家公司管理人员和技术人员的反馈。就供应商而言，评估小组选择了在低压/中压电缆市场上独家经营的公司，以及在这两个市场都有业务的公司。这两类公司在所用技术和生产过程的组织方面存在很大差异。就客户而言，评估小组联系了能够代表两个市场的需求的公司：地方公用事业公司、能源和运输行业公司以及大型国家公用事业公司。前两者主要采购低压/中压电缆，而后者几乎只需要高压/超高压电缆。因此，评估小组分别针对上述不同市场，围绕欧盟委员会执法决定提出的关键论据展开了调查。

1. 集中对高压/超高压电缆市场的影响

在考虑价格、数量、成本和产品特性的变化之前，有必要先看一下主要供应商市场份额的变化。在高压/超高压电缆市场中，欧盟15国集中实体的市场份额保持稳定：1999年份额约为47%，直到2003年才有所变化。集中后的实体公司阿尔卡特－朗讯的市场份额在过去几年里增长4%。其他竞争对手提高其市场份额的表现在各成员国之间有所不同：在英国，像Brugg和NKT这样的公司能够增加相对实力；在德国、意大利等其他国家，电缆供应商的地位在五年内保持相对稳定。

电缆的价格很大程度上取决于所购买的数量和所需的特定规格。因此，每千米电缆的价格会因其应用于对网络的维护干预或是应用于正在建设的新线路而有所不同。此外，正如欧盟委员会在决定中所强调的那样，"即使适用于相同的电压，个别客户通常也需要不同的电缆设计"。授受了调查的客户提供了它们在1999—2003年购买的电缆的价格和数量信息。然而，这些信息并没有提出一个可靠的标准用以衡量平均价格及价格随时间演变的过程，因为产品价值在由不同的客户和同一客户所购买的商品之间存在差异。

因此，评估小组考虑了多年来电缆价格的演变过程，这些价格数据主要来自调查问卷和电话采访中提供的定性信息。客户和供应商都表示这些产品的价格已经下降，大多数受访者认为这种价格降低的幅度为"中等"。对于下降的原因，客户和供应商多数认为是由以下三个因素导致的：①竞争加剧；②需求萎缩；③生产成本下降。而这主要是基于供应商市场的合理化演变。

竞争的加剧似乎是集中的结果。高压/超高压电缆生产数量的减少是由国家大型公用事业公司购买数量的减少造成的，这是私有化和自由化过程的结果，也是能源部门在改革实验时期所具有的特点。这个过程导致基础设施投资的减少，而电缆的需求也相应下降。调查特别指出，导致需求下降的另一个重要原因是能源公司需要产生现金流，以便为这些年能源市场的收购提供资金。欧盟委员会在决定中大体预料到了这种需求的演变。然而，评估小组还发现了两个现象：①需要移动地下架空线路；②需要将替代能源连接到运输网络中。因此，1999—2003年市场经历了温和的需求变动，欧盟15国电缆交易量也因此减少。

关于此期间生产成本的变化，一些电缆生产商提供了电缆生产中使用的主要原材料成本数据，包括金属材料（铜和铝）和用于绝缘电缆的材料［聚氯乙烯（PVC）和聚乙烯（PE）］，以及人力和能源。金属材料成本不直接影响电缆公司提供的价格，因为铜和铝（在国际市场上确定的）的成本通常会分别转嫁给客户并单独报价。然而，这些成本会影响客户支付的最终价格和影响力，从而影响其需求。1999—2000年，铜价一直在上涨，之后以每年10%的速度下降；铝的价格则相当稳定。其他原材料，特别是聚乙烯和聚氯乙烯的成本在相关期间保持稳定。供应商还提到了劳动力成本的大幅增加，利用欧盟15国的欧盟统计局数据对劳动力成本的计算和索引，证实了供应商提供的信息。就能源成本而言，评估小组根据欧盟15国的欧盟统计局数据计算了工业用户的能源成本指数。这表明能源成本的变化呈一个振荡的态势，但是在过去的几年里，它并没有大的变化。

总而言之，在相关时期内，除铜的成本外，原材料的成本基本保持不变。在其他生产成本中，劳动力成本表现为增加，而能源成本没有显著变化。单位总生产成本在 1999—2003 年略有下降。这一下降是因为生产商的效率提高了，而效率的提高是由于在市场供应方面经历了电缆生产商为了提高效率而专门重组生产，欧盟关闭了一些工厂。这些效率提高似乎表明高压/超高压电缆市场中存在压力。1999—2003 年的市场变化可以概括为：高压/超高压电缆价格适度下降；交易量减少，主要是因为需求减少；生产成本小幅下跌。

在价格和需求下降的情况下，不能直接得出有关消费者福利水平变化的结论。但是，由于评估只关注集中对消费者福利的影响，所以必须将这些影响分离出来，并将实际的市场变化与禁止集中时可能发生的变化进行比较。受访者提供的调查问卷资料显示，虽然产量下降是由需求的外生性下降所导致的，但价格下降是因为主要供应商之间的竞争加剧了，而成本效益的提高只有一部分是由集中决定所导致的。效率的提高是供给方合理化演变和重组的结果，反过来这又是对需求下降的回应。倍耐力/BICC 的集中不是这个合理化过程的原因，也不是减少潜在需求的原因，但它是影响真正效率的因素之一。

为了评估反事实的福利效应，评估小组还要求高压/超高压电缆买方就集中对竞争的影响发表意见。评估小组对集中是否会导致采购条件的变化，以及价格是否有所上涨进行了调查。这些问题旨在征求客户对欧盟委员会批准决定事件的看法。在被调查的高压/超高压电缆买方中，只有一位认为集中对竞争没有显著影响。唯一一位声称集中降低了竞争程度的买方，当被问及其对价格的影响时，申明集中对价格或其他采购条件没有造成任何负面影响。所有其他买方都对集中并未对采购条件产生任何负面影响进行了确认。

总体而言，评估小组收集的信息表明，集中对竞争没有造成负面影响，因此集中也没有导致价格的提高或产量的减少。可以得出这样的结论：集中并没有减少消费者的福利，而且这种禁止也不会成为一个阻碍消费者福利最大化的决定。因此，就高压/超高压电缆市场而言，可以说欧盟委员会的决定是适当的。

2. 集中对低压/中压电缆市场的影响

在欧盟 15 国中，集中后实体的市场份额在 1999—2003 年下降了 3%，阿尔卡特－朗讯的份额保持不变，而其他供应商（如德拉卡）的份额则增加了。如果只考虑意大利，这是集中公司所在的两个国家之一，则集中后实体的市场份额有相当大幅度的下降。而其他的供应商，如 Tratos 和 Fulgor，市场地位则获得了提高。在集中公司所在的英国，集中后的实体市场份额呈现出大幅下降，而其他竞争对手如德拉卡和阿尔卡特－朗讯则获得了重要的市场份额。

与高压/超高压电缆相比，1999—2003 年，低压/中压电缆的价格有所下降，而且我们的调查所涉及的生产商其价格下降也很剧烈。从调查报告中我们可以得出导致价格下跌的主要原因是竞争加剧：欧洲和欧洲以外的新公司开始竞标欧盟合同。波兰公司 Telefonika 的例子经常被引用。然而，竞争加剧对价格的影响进一步推动了价格的下降趋势，这是由需求下降引起的。在此期间，中压电缆的销售额大幅下跌（每年4%～5%，总计达20%），而低压电缆需求的萎缩则不那么明显。调查显示，这些差异似乎与客户群的差异有关。中压电缆大部分是由经营电力分配的公用事业公司购买。它们的需求在 1999—2003 年大幅下降，主要是因为能源部门自由化之后的重组。而低压电缆则主要是由建筑行业公司采购的，这些公司的需求至少到 2001 年都是表现为增长的。就生产成本而言，考虑到高压/超高压电缆也适用于中压/低压电缆，因此这两个市场的投入是相同的。综上所述，1999—2003 年，低压/中压电缆市场的发展可以总结如下：价格大幅下跌，这是因为竞争加剧，需求减少；交易量减少，主要是因为需求减少；生产成本小幅下滑。

当价格和数量双双下降时，很难对消费者福利的净变化作出明确的判断。然而，评估小组分析的目的是了解欧盟委员会的决定是否倾向于保护消费者福利与追求反事实的目标。我们的调查显示，市场参与者认为，集中并没有减弱低压/中压电缆市场的竞争，尤其是它对价格或其他购买条件没有造成负面影响。事实上，根据所有受访者的反馈，1999—2003 年的市场表现出了日益激烈的竞争态势，再加上新推出的欧盟公共采购立法，保证了没有供应商能够滥用市场权力。因此，从上述情况来看，可以得知：如果禁止集中，消费者福利不会更高。因此，欧盟委员会的决定对低压/中压电缆市场也是适当的①。

第三节　事件研究法在个案并购/经营者集中事后评估中的应用

如前文所言，事件研究法是一种通过衡量股市对公告事件的反应来评估事

---

① European Commission. Ex-post review of merger control decisions［EB/OL］.［2018 - 10 - 01］. http：//ec. europa. eu/competition/mergers/studies_ reports/lear. pdf.

件对市场影响的方法。事件研究法的假设是金融市场是有效的，且代理人的期望是合理的。如果这种假设是正确的，那么公司的股票价格应该总是代表其利润流量的贴现值，当事件被宣布时，公司的利润应当受到影响，股票价格也应该反映这个期望。在受影响的市场上运营的公司，其股票价格的任何变化相对于未发生事件的情况下观察到的价值被称为"超额收益"。然后测试和分析这些异常收益的迹象和大小，以获得事件对市场预期效果的信息。因此，可以通过在集中日以及执法机构决定公布之前寻找任何异常收益的迹象来推断集中决定的影响。例如，如果竞争对手在集中宣布时获得了积极的超额收益，审查人员可以得出结论：集中可能会减少竞争，因为市场预期认为集中实体的市场控制力会增加。由于在事件发生前有些信息可能泄露，相关研究扩展了"累计超额收益"的概念。定义一个事件窗口时，包括与事件日期相近的一段时间，这期间相关信息已经散播在市场之中。然后通过这个窗口总结每天的超额收益，以更准确地衡量事件收益率的影响。具体而言，假设一个反竞争的集中被宣布，那么人们就会预期集中方其竞争对手的股票会产生积极的超额收益。如果反托拉斯当局的决定禁止这种集中并保持竞争，那么人们预计竞争对手将会产生消极的超额收益。因此，当集中通过一些条件（如剥离等）被清除，事件研究法可以将无条件集中的效果与一整套救济措施的效果分开。

欧盟委员会对上面提到的倍耐力/BICC集中案在调查法之外，还使用事件研究法进行了定量分析，以佐证调查结论的有效性。集中主要是倍耐力集团旗下的意大利公司对BICC的一部分业务进行收购。BICC是一家在世界范围内积极开发、设计和制造电缆产品的英国公司。双方签署了购买协议，根据该协议，倍耐力将收购BICC在英国的四家制造工厂、意大利的两家工厂以及六家公司的全部股份①。欧盟委员会在执法决定中认定集中涉及的产品为：低、中、高、特高压通用接线，铜杆及绝缘电缆。对于这些产品，欧盟委员会确定了四个相关商品市场：一个用于一般布线，一个用于铜杆，两个用于电缆。具体包括：低压/中压电缆市场，其中包括高达 1 kV 电缆、1~33 kV 电缆和1~45 kV 电缆；高压/超高压电缆市场，其中包括 33/45 ~ 132 kV 电缆、275 kV电缆和400 kV 电缆。后者又包括超高电压流体填充电缆和超高压 XLPE电缆，这是一种利用交联聚乙烯的挤压绝缘实现的创新技术。传统的电缆生产技术，即"充液"或"充油"技术，涉及一种基于绝缘层的流体缠绕在导体周围，使其充满电介质液体的过程。欧盟委员会将相关地理市场定义为欧盟范

---

① 欧盟委员会. Case No. 1882—Pirelli/ BICC［Z］. 2000 – 07 – 19.

围，在决定通过时欧盟只有 15 个成员国。

根据欧盟委员会竞争总司的要求，在对该决定进行事后评估时，评估小组将只关注电缆的两个市场，因为在作出这个决定的时候，这些市场是引起最大竞争关注的市场，欧盟委员会认为针对这些市场的不适当决定可能会导致更多的负面后果。

欧盟委员会最初担心集中可能导致：倍耐力/BICC 和阿尔卡特－朗讯在低压和高压电缆市场获得共同支配地位，或倍耐力/BICC 在高压/超高压电缆市场获得单一的支配地位，或倍耐力/BICC 和阿尔卡特－朗讯在高压/超高压电缆市场上获得共同支配地位。经过深入分析两个市场的主要特点，欧盟委员会没有找到任何确凿的证据表明集中会创造或加强任何支配地位，进而决定批准集中。

本次评估的目的在于考察欧盟委员会是否作出了适当的决定，通过对倍耐力/BICC 集中决定进行实质性评估，验证执法决定中所作分析的有效性和完整性，并对最终决定进行评估。具体而言，这次评估的目的是确定欧盟委员会是否可以通过采取不同的决定方案来更好地实现保护消费者福利的目标。为了确定欧盟委员会决定批准倍耐力/BICC 集中，是否比其他任何替代方案都更好地实现了这一目标，评估小组研究了确定消费者福利水平的相关市场变量在集中后的演变过程，来了解这些变量的变化过程。这些变量是：电缆的价格，销售的电缆数量以及它们的质量和品种。

评估小组首先根据集中决定中提供的信息和欧盟委员会提供的案例文件，确定了倍耐力和 BICC 主要的竞争对手和客户，具体包括阿尔卡特－朗讯等 11 个主要和次要竞争对手，以及 Acea Electrabel Trading Spa 等 21 个客户。

其次是确定相关事件的日期。集中公告是第一个事件。选择公告公布日期是进行事件研究的关键，该日期将有助于捕捉集中消息到达股市的确切时刻。只要日期是正确的，就可以认为当天相关公司股价的任何变化都能被解释为股票市场对集中效应的预期。一般而言，集中公告日是集中出现在媒体的第一天。评估小组通过"道琼斯互动"——一种集成并涵盖报纸、新闻资讯、期刊、研究报告和金融网站上内容定制的商业新闻研究引擎，确认了本案的公告日期为 2000 年 2 月 11 日。评估小组考虑过的其他事件以及相关日期与集中控制程序中的正式步骤有关：2000 年 3 月 14 日申报集中通知，欧盟委员会第一阶段决定发于 2000 年 4 月 17 日，2000 年 7 月 17 日欧盟委员会发布了第二阶段的决定。由于有关集中和调查的消息可能会泄露，考虑到确定的事件日期之前甚至之后就是所谓的"事件窗口"，而对事件窗口的研究可能有助于更精确地捕捉集中影响的预期，因此，评估小组确定了这四个事件日期附近的两个不同的事件窗口，其中一个在每个事件日期附近对应地延伸 10 天，另一个在每个事件日期之后的 5 天到 10 天之间延伸。

在确定了重要日期后，评估小组通过 Datastream——研究股票价格最常用和最完整的数据库，对相关公司的股票市场数据进行了收集。但是，评估小组发现只有一小部分已确定的公司股价发生了变化，因为其中有些公司在集中决定公布和调查时并没有在主要证券交易所上市。评估小组收集了这些公司的每日股票价格信息，不仅覆盖事件窗口期间，而且包括 1998 年 1 月 1 日到 2003 年 1 月 31 日的整个时间段，以期获得足够多的关于股票的历史信息，用来计算集中决定未公布时股票的价值，即反事实。评估小组还收集了必要信息来建立一个国家股市特定的指数，这也是推导反事实的指标。

公司股票价格的反事实是基于"市场模型"或"资本资产定价模型"等金融模型来计算的，描述股票价格与市场指数的价值有关。公司股票的历史被用来估计这些模型的参数。如果集中没有发生，就可以由估计的参数确定公司股票将达到的假设值。评估小组采用的是假定公司资产价值（R_{it}，其中 i 表示公司，t 表示日）与市场投资组合的价值成正比的市场模型（R_{mt}，其中 m 表示市场，t 表示日）：

$$R_{it} = \alpha + \beta R_{mt} + \varepsilon_{i,t}$$

$\varepsilon_{i,t}$ 表示一个随机误差，它包含对确定性关系的难以察觉的冲击。

通过事件发生前一个月的公司股票价值的相关数据，可以估计出规定这种关系的参数 α 和 β，并预测股票价值是否发生了特定事件。通过将观察到的股票价值与预测值进行比较，可以计算出衡量集中效应的日常异常收益（AR）。而将每日 AR 在事件日期的各个窗口范围内累计，可以获得累计平均超额收益（$CAAR$）[①]。

最后是测试 $CAAR$ 是否明显不等于 0。为此使用以下公式对统计数据进行了测试：

$$T = \frac{1}{n} \frac{CAAR}{\sigma AR}$$

---

① DUSO T, GUGLER K & YURTOGLU B. Is the event study methodology useful for merger analysis? A comparison of stock market and accounting data [Z]. Governance and the efficiency of economic systems, discussion papers, 2006: 163.

其中 σAR 是日常异常收益标准差，n 是事件窗口的大小。

数据分析显示了不同事件发生时，竞争对手和客户的日常超额收益，时间窗口包括：公告日期，通知日期，第一阶段决定和第二阶段决定的日期。大多数 AR 是负面的，但考虑到大的标准误差，没有一个结果是有统计学意义的。尤其是在公告日这一事件窗口，在没有考虑到欧盟委员会可能采取的救济措施的情况下，AR 应该显示为集中对市场的影响，评估小组观察到 3 家竞争对手公司（德拉卡、NKT 和 Sagem）负面 AR 为 5%，德拉卡和 NKT 的股价波动在 1% 左右，Sagem 则在 2% 左右，但这些波动值都近乎为 0。其他两名竞争对手（ABB 和阿尔卡特 – 朗讯）则分别出现了 1.5% 和 3.9% 的正面 AR，数值也都很小。因此，评估小组从决定公布当日的竞争对手股票价值变化中得出的结论是：股票市场持集中不会对它们造成显著影响的预期。关于其他相关事件日期的市场反应，无论是集中通知日期还是第一阶段决定日期，在五名竞争对手中，有四名其公司的 AR 是负面的。而在第二阶段决定时，五名竞争对手中有三名的股份出现下跌，而这些结果都不显著。为了评估集中的整体效果，评估小组对这四个日期的相关异常收益情况进行了统计，得出五名竞争对手中有三名出现负面 AR。其中德国竞争对手之一的 Sagem 股价下跌了 14%，具有统计学意义。另一名德国竞争对手 NKT 是唯一从集中中获利的竞争对手，但价值不大。

这些结果表明，欧盟委员会在审批集中时作出了正确的决定。竞争对手的负面 AR 表明，竞争对手认为集中会导致利润率下降，或至少不会增加。这一结果意味着金融市场作出了集中会提高集中企业效率的预判，认为集中会使其具有竞争优势。集中企业市场力量的增加对企业和企业的竞争者都是有利的，但是只有集中企业能够从效率提高中获得收益。一个提高效率的集中能够使得消费者福利增加，因此应该得到欧盟委员会的批准。

评估小组通过分析客户的 AR，估计集中对下游企业利润可能造成的影响。假设买方增加的利润最终被转移给了消费者，那么它可以被视作一种消费者福利的表现形式。数据显示，公告日期前大部分客户都享有正面而显著的 AR。收益在某些情况下相当大，并且都具有统计学意义。例如，Energia 的股票增长 16%，Verbund 增长 9%，AEM 和 National Grid 增长超过 6%。亏损的有 Endesa、Enel、Falck 和 VEW，均为西班牙和意大利的主要客户，但是只有 Endesa 股价的下降（-4%）具有统计学意义。

通过集中发布日期的数据观察到一些具有统计学意义的现象。Endesa 和 Enel 在通知发布时有损失（分别约 4% 和 7%），Verbund 的 AR 为正面，而 RWE 的股价表现下跌 5%，这是一个有趣的结果，因为通知不应该向市场提供关于任何集中的额外信息。

在第一阶段的决定日期之前，大多数竞争者都经历了负面的 *AR*，特别是在意大利和英国。这表明了市场对欧盟委员会可能会在第二阶段采取行动的担心，其可能会降低客户在宣布集中时预期的利润收益。事实上，在二期调查后，负面决定或采取某些救济措施的可能性要高得多。但是，其原本的利润收益近乎为 0，所以不能从中得出一个确定的结论。

在第二阶段决定公布之日，观察到的主要结果是 Vattenfall 的股价大幅上涨 14%，这具有统计学意义。鉴于大多数客户的股价在关键日期都有所增加，可以得出结论，这些额外的证据与所观察到的竞争对手的表现是一致的，因此，评估小组得出了欧盟委员会的决定是适当的这一结论。此外，这些结果具有统计学意义，也给这个结论提供了更强有力的数据支撑。

为了更好地理解欧盟委员会决定影响构成相关市场的不同地理区域的机制，评估小组对受集中影响的不同国家的反应进行了研究。对意大利消费者来说，公布集中是好消息，但是一旦集中调查完成，整体效果往往是负面的。然而，这些总体负面 *AR* 近乎为 0。唯一具有统计学意义的结果是 Energia 股票价格的上涨。而在英国，我们获取到了数据的所有客户的股价在集中公布的时候都表现出了积极的反应，累计的 *AR* 也是正面的。但是，只有 National Grid 的结果具有统计学意义。在其他国家，消费者要么从集中中获利了，要么至少没有受到消极影响。

如果有一些传言在确定公布日期之前就在市场中传播，或者在调查过程中存在有关集中调查信息的泄露，则日常应对措施对集中预期效果的衡量可能是不恰当的。因此，评估小组也测量了所有相关事件周围的两个不同窗口的累积 *AR*，并评估了它们的统计学意义。评估小组收集数据对一个对称窗口（从 5 天前到 5 天后）的结果进行了报告，还报告了不对称窗口的结果（从事件发生前 10 天到发生后 5 天），使估计的效应幅度更大。然而，很难根据这些数据得出任何结论，因为大的标准偏差使所有估计的 *AR* 与 0 之间没有统计学上的差异。这可能是因为我们正确地确定了公告日期，并且在这个特定的集中过程中，没有将任何信息泄露出去。无论如何，定性的结果保持不变：竞争对手预计将从集中中摆脱出来，而客户则有望获利。

对倍耐力/BICC 的主要竞争对手和客户的股价进行事件研究的主要结果是竞争对手并没有从集中中得到好处，而客户却从中受益。因此，可以说金融市场认为集中是有利竞争的，因而欧盟委员会作出允许集中的决定是正确的。总的来说，关于这次事件的研究是成功的，因为它就集中的效果得出了一些明确的结论。与文献中通常观察到的许多结果相比较，此次评估的影响显得尤其显著。当使用较大的事件窗口时，所得出的效果意义较低，但可以认为这是因没有信息泄露或这些并不重要而导致的。

然而应当注意，并不是所有受影响的公司都是在股市上挂牌的，因此有些竞争对手被排除在了研究之外。这意味着在事件研究的结果中并未能考虑到集中的所有影响，但是由于受集中影响公司的主要竞争对手和客户都被基本纳入了，这并不构成主要问题，也不会使对上市公司受集中影响的评估产生偏差①。

第四节　计量和双重差分法在并购案件事后评估中的应用

美国的实务界和理论界将对合并或并购执法进行的事后评估称为回顾性研究。回顾性研究的目的是在事后确定特定合并如何影响一个或多个市场中的均衡行为。原则上，对合并进行彻底的回顾性研究可能需要检验受交易影响的所有市场的结果②。例如，在银行合并中，合并可能会使许多存款和贷款产品的价格受到影响；在航空公司合并中，网络效应意味着合并可能会导致一些合并实体不直接参与竞争的垄断情形③。对于受影响的公司及其竞争对手，可能需要检查多个维度的竞争效果，包括产品产量、产品质量、产品种类、创新等。回顾性地研究合并必然涉及建模和预估相反的情况。如果研究已完成的合并，则相反需要考虑的是如果合并没有完成会发生什么。习惯方法是使用比较/控制组，考察一组未受合并影响的公司、产品或市场形态以做对比。但现实中找到合适的控制组非常困难。如前文所言，FTC 最早的一些评估工作主要依赖调查完成，即在合并影响价格或产出的事实发生之后询问行业参与者或者客户。20 世纪 80 年代后期 FTC 对四次横向合并的效果进行了调查，案件涉及炼油、医院、踏板和发动机轴承产业④。没有一个调查检测到反竞争价格效应，相反在某些案件中发现了潜在的提高效率的证据，佐证了 FTC 执法的正确性。但

---

① European Commission. Ex-post review of merger control decisions [EB/OL]. [2018 – 10 – 01]. http：//ec. europa. eu/competition/mergers/studies_reports/lear. pdf.

② ASHENFELTER O, HOSKEN D S & WEINBERG M. Generating evidence to guide merger enforcement [J]. Competition policy international, 2009, 5 (1)：57 – 75.

③ PETERS C. Evaluating the performance of merger simulations：evidence from the US airline industry [J]. Journal of law & economics, 2006 (49)：627 – 649.

④ PHILLIPSON T J & POSNER R A. Antitrust in the not-for-profit sector [J]. Journal of law & economics, 2009, 52 (1)：1 – 18.

是，由于调查方法关于合并后发生事项的取证和分析具有一定的主观性，其结果仍然不能完全让人信服。基于这一原因，执法机构也开始尝试使用经济学模拟的方法对合并进行回顾性研究，其中最具代表性的是 2009 年 FTC 对数项医院并购案件进行的量化分析。

一、评估背景

1981 年，FTC 对第一桩医院并购案发起了调查。FTC 的分析认为，一所营利性医院连锁店并购加利福尼亚州一所竞争性医院的行为违反了《克莱顿法》第 7 条和《联邦贸易委员会法》第 5 条。FTC 发现并购导致了价格降低以及非价格竞争的出现，因此决定对被并购的医院进行剥离。从此案开始，对医院并购可能造成的竞争影响分析一直是美国反托拉斯执法的重要组成部分。大多数医院并购并不涉及违反反托拉斯法的问题。根据联邦贸易委员会和司法部联合发布的医疗反托拉斯执法政策，针对医院并购设置有安全区制度，安全区内的并购很少受到执法机构的审查。事实上，自 1981 年以来，联邦贸易委员会和司法部很少对医院的并购提出质疑。尽管如此，执法机构也发现，一些医院的并购可能会产生反竞争效果，并且在有关医院并购的诉讼方面取得了相当大的成功①。但是，从 1994 年到 2000 年，当医院并购案的数量达到约 900 起时，反垄断执法机构在相关司法诉讼中连输 7 场，法院驳回了它们对医院并购反竞争的认定②。

2002 年 4 月，联邦贸易委员会宣布实施医院并购回顾研究项目，对医院并购的市场效果进行评估。医院并购回顾研究项目的主要目标是让欧盟委员会考虑针对已完成的反竞争性医院并购实施制裁，同时更新欧盟委员会先前对于特定交易结果与保健市场竞争力性质的预估。具体而言，该项目旨在检测医院并购后医疗服务价格的变化情况。这些研究为与医院反竞争分析有关的各种问题提供了重要的实证分析，涉及医院并购分析中相关地理市场的范围、并购后定价行为非营利状态的相关性以及并购对临床质量的影响。

联邦贸易委员会经济局于 2009 年发布了三份工作文件，分析了该问题涉及的四家医院其并购对竞争造成的影响。涉及的并购案包括：①2000 年埃文

---

① RICHMAN B D. Antitrust and nonprofit hospital mergers: a return to basics [J]. University of Pennsylvania law review, 2007 (156): 121 – 150.

② THOMAS L G. Night landings on an aircraft carrier: hospital mergers and antitrust law [J]. American journal of law & medicine, 1997 (23): 191.

斯顿西北医疗保健公司（ENH）并购英国高地公园医院（HPH）①；②St. Therese 医疗中心（STMC）在 2000 年并购胜利纪念医院（VMH）；③萨特在 1998 年并购位于加利福尼亚州奥克兰的非营利性医院 Summit 与加利福尼亚州伯克利的 Sutter's Alta Bates 医院②；④1998 年新汉诺威地区医疗中心并购哥伦比亚海角恐惧纪念碑医院③。

四项研究都采用了基本相同的方法，即比较所并购医院的住院价格从并购前到并购后的变化，以及一组"对照"医院同期价格的相应变化。对照组选择的是与并购医院具有相似特征，但相对不受并购交易影响的医院。这些研究没有检验并购交易对门诊价格的影响，也没有分析对任何非价格竞争因素，如护理质量的影响。

除了大体上揭示并购造成的市场影响之外，这些研究也试图解决美国反托拉斯政策中一个长期存在的问题，即大量美国医院被设定为"非营利性"（NFP）实体。这类医院无法向其所有者分配利润，这使得一些法官和学者相信这些医院对于利用市场力量并不像营利性企业那样感兴趣。这一想法造成了联邦贸易委员会和司法部未能成功地对非营利性医院竞争对手之间的并购提出挑战。回顾性地研究这种并购的影响可以测试这一观点的正确性。

二、评估方法

本次评估采取的方法主要涉及计量经济学分析。评估小组没有使用结构性因素，例如市场份额和集中度的变化来预测这些并购的影响，而是通过直接测量价格的方式对并购可能给竞争造成的影响进行判断。此回顾性研究中所要解决的问题是，并购各方是否通过并购获得或增强市场力量；如果是，那么它们是否在与商业保险公司的谈判中通过给出更高的并购后价格行使了这种市场力量。计量经济学分析主要用于确定如果并购没有发生，医院获得的报价是否会高于并购医院获得的价格；如果是，价格上涨是否由与并购相关的市场力量的增强造成。

为了检验并购医院通过并购可获得或增强其市场力量的假设，评估小组对

---

① DEBORAH H W & CHRISTOPHER G. Two hospital mergers on Chicago's north shore: a retrospective study [Z]. Federal trade commission working paper, 2009: 294.

② STEVEN T. The price effects of hospital mergers: a case study of the Sutter-Summit transaction [Z]. Federal trade commission working paper, 2008: 293.

③ AILEEN T. The effect of hospital mergers on inpatient prices: a case study of the New Hanover-Cape Fear transaction [Z]. Federal trade commission working paper, 2009: 295.

于价格变化进行了考察。在具有差异化产品的市场中，不同的价格水平既不是必要的，也不足以证明市场力量的作用。已建立的垄断竞争模型表明，即使企业长期经营，当经济利润为 0 时，差异化产品也会在同一时间点以不同的价格出售。在某个时间点上，A 医院获得了高于 B 医院的协商价格并不一定能说明 A 医院行使了其市场力量。如果 A 医院在其所在地提供服务的成本高于 B 医院在其所在地提供服务的成本，那么自然而然的，A 医院就必须使其价格高于 B 医院的价格以达到收支均衡。此外，并购后医院价格的大幅上涨，表明并购可能已经创设或增强了医院的市场力量。

（一）模型

在全部评估或回顾性研究的案件中，FTC 均采用了 DID 方法。就医院并购而言，DID 方法将并购医院在并购前后的价格变化与同一时期的一组"对照"医院的价格变化进行比较。并购回归研究的基本模型如下：

$$\ln P_i = \alpha + \beta \times M_i + \gamma \times POST_i + \delta \times M_i \times POST_i + \lambda \times X_i + \varepsilon_i$$

其中，$\ln P_i$ 是某住院治疗病例 i 被收取的价格的对数，M_i 取值为 1 表示该病例在并购的医院中，如不在则取值为 0。$POST_i$ 取值为 1 表示该病例发生在并购完成之后，否则取值为 0。X_i 是特征向量，包括病人的年龄和性别、保险计划的类型、入院诊断代码、医院类型。ε_i 是误差值。在本模型中，参数 δ 是对并购后效果的 DID 估计。

（二）数据

尽管医院并购如同其他竞争行业的并购一样可能会影响价格和非价格竞争，但这四项研究的重点是考虑并购是否会导致住院价格竞争的减少。所谓价格，指的是保险公司向医院就同样的医疗服务支付的费用。在美国，每家医院或医院系统都会与保险公司就合同条款进行协商。这些合同条款决定了保险公司与商业保险计划中的患者就医院服务支付的费率和实际价格。一些医院和保险公司每年都会就合同进行重新谈判，还有一些则会签订长期合同。另外，医院的收费是由医院单方面规定的。通常来说，医院的收费主管会给出使用医院的手术室和 ICU、提供诊断测试和其他辅助服务、使用医疗设备、销售药物和其他物品的参考价格标准。通过选择性签约，保险公司会试图与医疗服务的供应方就更有利的合同条款进行谈判。由于保险公司可能不会与一个地区的所有医院签订合同，所以其一般会通过向医院提供更多的病人，换取低于医院参考报价的签约价格。

保险公司和医院之间的合同协商会因保险公司、保险公司提供的产品和医院而存在差异。保险公司和医院之间签订的合同一般涉及：①确定保险公司向医院服务支付的实际价格，以及其使用的费率和定价机制；②明确保险公司对其介绍入院的人员所提供服务的相关情况，对医院进行监督，控制其工作范围以及程序，如事前审查、治疗指导和回顾性审查；③详细说明医院和保险公司之间的结算程序。保险公司和医院之间的合同会涉及各种费率，如单日费用和病例费率，以及各种定价机制，包括协商的折扣费用，以确定对医院的住院服务支付的实际金额。

选择性签约可能刺激医院和其他类型的医疗保健供应方（如职业医生）之间的竞争，以争夺被保险公司纳入其供应网络的资格。影响保险公司从医院获得价格折扣的关键因素是保险公司将投保人员即患者从一个医院转移到另一个医院的能力。同样，医院与保险公司在谈判中获得更高价格的能力与该医院可替代性的大小也有直接联系。医院的议价地位，以及医院在与保险公司谈判中获得更高价格的能力，取决于其能为所在保险计划网络带来的增值的大小。当患者对该医院是否在保险的范围内高度重视，而该医院又没有相近的替代品时，医院对于其所在保险计划网络就带来了增值。而潜在的患者又有着不同的偏好，比如一些患者最看重离家最近的医院是否较大程度地被纳入了保险范围，而另一些患者则更偏向于投保到具有很高声望的医学院附属医院的保险计划中。医院之所以能够与保险公司协商更高的价格，也在于如果医院从供应方网络退出，可能导致投保人向保险计划网络中剩余医院付费意愿的降低。

个人住院患者实际支付金额的数据是通过并购实体在并购前后与患者签订合同的个人付款单据获得的。付款人还提供了对照组住院的相关数据。评估人员还使用了医疗保险成本报告，对数据有效性进行额外检查，并在可能的情况下使用州公共卫生部门的数据，这些数据通常收集有关医院住院患者入院的信息。对价格和其他基本变量进行实证分析是医院市场比其他市场（如航空公司、银行、石油公司）进行回顾性研究更为艰巨的任务。建模的起点是个人付款人说明的数据。在这些数据中，观察的单位是"某项医疗主张"，通常对应特定程序或服务。单个入院通常由许多医疗主张组成，因此评估人员必须使用患者身份证号码和入院/出院日期汇总这些主张来确定整个入院过程所支付的金额。通常情况下，付款人数据包含以下信息：①保险公司支付的金额；②患者个人支付的金额；③有关患者的信息（如年龄、性别）；④入院信息（如入院时长、诊断代码和处理代码）。患者和入院特定信息使评估人员能够控制患者住院的不均衡性，这无疑是在不同医院和随着时间推移观察到的价格变化的主要原因。如果这种不均衡性随时间而变化，并且与并购相关联，未能控制好这一因素就可能会对并购效果的评估产生影响。

该分析还考虑了特定医院和特定付款人的某些特征可能影响价格。通常，也涉及有影响的精确变量或连续变量的度量，例如医疗保险和医疗补助患者的占比、教学状况、营利状况、总床位数量、整体案例混合和保险计划类型。控制这些因素可以减少误差方差，并且可以在它们与并购相关联的情况下减少并购效应预估中的偏差①。

三、评估结果

（一）埃文斯顿并购案和 Vista Health 并购案的评估

2000 年 1 月，埃文斯顿西北医疗保健公司与其教学医院以及一个在 Glenview 的社区医院—高地公园医院完成了并购（以下简称"埃文斯顿并购案"）。其后在 2000 年 2 月，两家位于 Waukegan 与 Illinois 的社区医院，并购为 Vista Health 公司（以下简称"Vista Health 并购案"）。2004 年，FTC 根据《克莱顿法》第七节的相关规定对埃文斯顿并购案提起了反垄断诉讼。2005 年，行政法官裁定埃文斯顿的并购使得该联合体拥有了通过市场提升价格的能力，且这一裁定在 2007 年的上诉审判中得到了支持。但 FTC 没有找到更多关于 Vista Health 并购案确实造成了反竞争影响的证据，最后终止了对 Vista Health 并购案的调查。本次评估考察的主要是埃文斯顿并购案对由私人医疗保险公司支付住院医疗费用所造成的影响。

评估小组认为，如果芝加哥初级大都会统计区（PMSA）的其他医院也经历了类似的大幅价格上涨，那么这些价格上涨很可能是由对所有该地区医院产生了影响的外生因素造成的。引起特定地区所有医院价格变化的相关因素可能包括普通、急症护理医院服务的成本和技术的变化。这一评估使用了基于医院差异设置的多个对照组，因为医院在很多特征上高度分化而且其中一些特征难以量化。第一个对照组包括所有在芝加哥 PMSA 的非联邦、普通、急症护理医

---

① JOSEPH F, et al. Economics at the FTC: retrospective merger analysis with a focus on hospitals [J]. Review of industrial organization, 2010 (35): 369 – 385.

院。唯一被排除在这个对照组之外的医院是联邦医院，例如退伍军人行政部医院（VA 医院）、非儿科专科医院如精神病医院和长期护理医院。第二个对照组包含芝加哥 PMSA 在 1996 年至 2002 年没有参与并购的非联邦、普通、急症护理医院。第三个对照组主要关注教学因素的影响，只包括那些有类似埃文斯顿并购医院教学项目的非联邦、普通、急症护理医院。

评估小组依靠两种制度对病例进行分类：诊断组定额支付制度（Diagnosis Related Groups，DRG）和全患者诊断组定额支付制度［All Patient（AP）DRG］。前者根据疾病分类、患者的年龄、有无并发症，将疾病分成近 500 组，并确定各组医疗支付费用作为支付账单的依据。每年，医疗保险和医疗补助服务中心都会公布每个 DRG 的相对权重，该权重代表在 DRG 中该类病例使用的治疗资源相对于一般疾病使用的治疗资源的平均值比重。APR DRG 分类系统由 3M 健康信息系统开发，系统内包括有大约 300 组诊断。在每个 APR DRG 中，病例会根据病情严重程度（SOI）从 1 级到 4 级进行分级，其中 4 级是最严重的，而 SOI 分级是为了反映资源的使用程度而开发的。

评估小组从两个不同的数据源获取医院价格数据。第一个数据源是芝加哥地区最大的五家保险公司从 1998 年至 2002 年五年间的保险索赔记录，占芝加哥地区投保人数的 50% 以上。每份索赔记录大致对应一项医疗服务，都包括账单金额和实际核准支付的金额，后者指的是当保险公司与医院协商合同时，医院通常会接受低于其收费的支付价格。每份记录包含患者特定信息，例如病人的身份识别码、年龄和性别，还包括治疗日期、诊断代码和过程代码。基于这些索赔数据，评估小组测算出除特定医院的医疗服务价格。为检验结论的有效性，评估小组还参照了第二个数据源——伊利诺伊州公共卫生部的通用数据集。对于伊利诺伊州的每个住院医院出院病例，通用数据集都包含有人口统计、程序、诊断和有限的账单信息。

评估结果显示，埃文斯顿医院的并购增加了并购医院提高其价格的能力，保险公司被迫为并购后的埃文斯顿医院每位住院患者支付更高的赔偿金。有两家保险公司经历了超过 100% 的价格涨幅，另有七家保险公司经历的价格涨幅超过 75%。在单日住院费用的价格变化上也发现了类似的结果。在所有保险公司中，参与埃文斯顿并购的医院在 1999 年至 2002 年单个病例的收费价格上涨了近 50%，大大超过了国家医院通货膨胀和当地医疗 CPI 的增长。使用来自伊利诺伊州公共卫生部的通用数据集和医疗费用报告的数据所得出的结果，与使用索赔数据所预计的价格上涨是一致的。埃文斯顿的并购似乎增加了并购医院提高其价格的能力。埃文斯顿并购后价格的上涨在并购医院中，相较于对照组医院的平均价格上涨，幅度高出 11%～17%。这一差异对所有对照组、病例混合调整方法及患者数量都表现出统计学意义上的显著性与鲁棒性。而在 Vista Health 并购案完成后，一部分保险公司虽然经历了部分单个病例的价格上涨，但也有一些经历了价格下跌，总体看来在 1999 年至 2002 年这几年间，Vista Health 并购医院的价格在总体上上涨了 4%。

医院和保险公司谈判价格随时间的变化反映出的可能是医院所提供服务质量的变化。然而，欧盟委员会认为，没有证据显示埃文斯顿在并购后其本身医疗保健的质量有所提高。同样，医院价格的巨大差异也无法用保险公司自身对医疗质量差异的评估结果来解释。

在确认并非所有医院并购都会增强市场力量的同时，评估结果表明埃文斯顿的并购增强了并购医院的市场力量。埃文斯顿并购后，并购医院相对于对照组医院的价格上涨幅度更大，且差异有统计学意义。此外，并购医院的相对价格上涨不能由病例组合的变化、病人病情的严重程度、付款人组合或教学强度来解释。这有力地说明了埃文斯顿的并购的确导致了医院市场力量的增强，这表现为医院在与保险公司谈判时能够获得更高报价的能力①。

（二）Sutter/Summit 并购案的事后评估

1998 年，Sutter 医院并购了加利福尼亚州奥克兰的一家非营利性医院 Summit。Sutter 下属 Alta Bates 医疗中心是一家邻近伯克利的 551 床普通三级医院。Summit 运营的 Summit 医疗中心是一家位于奥克兰的 534 床普通三级医院。两家医院相距不到 5 千米。Summit 和 Alta Bates 医疗中心是伯克利—奥克兰地区仅有的两家三级医院，旧金山湾区内有许多提供类似服务的其他医院，但都位于较远的地方。加利福尼亚州总检察长曾提起诉讼以阻止该交易。在初步审判中，地理市场的界定是争论的焦点。有二十多家医院位于旧金山或东部地区，其中许多医院可以提供类似于 Summit 和 Alta Bates 的服务。如果它们被认定为 Summit 和 Alta Bates 的近似替代品，那么拟议的这项交易可能就不会存在竞争性问题。原被告围绕 Elzinga-Hogarty Test 方法就相关地理市场展开辩论②。该方法使用患者流量数据来确定地理边界。简而言之，即相关市场可以一直扩展，直到居住在该地区的"大多数"患者选择在该地域范围接受治疗，并且

① HAAS-WILSON D & GARMON C. Two hospital mergers on Chicago's north shore：a retrospective study [Z]. Federal trade commission working paper，2008：294.

② ELZINGA K G & HOGARTY T F. The problem of geographic market delineation in antimerger suits [J]. Antitrust bulletin，1974（18）：45 - 81.

直到该地区以外的大多数患者不进入拟议的地理市场中寻求医疗服务。加利福尼亚州总检察长认为，除其他因素外，旧金山湾区的大量通勤时间使得用来分析交易的相关地理区域成为一个更小的区域，称为"内东湾"。这个拟议的地理市场排除了更大都市区里的众多医院，这意味着 Summit 和 Alta Bates 的共同市场份额将接近50%。但在1999年12月27日，法院驳回了 DOJ 的动议，理由是：①实际的相关地理市场比原告提出的地域范围"内东湾"更为广泛；②Summit 医疗中心是一家衰退的医院，没有其他潜在的购买者。Sutter/Summit 交易引起的一个核心问题是患者出行成本是否足够低，以至于这些医院足以对并购方构成限制以防止反竞争价格上涨。

评估分析依赖于 Summit、Alta Bates 和三家大型医疗保险公司提供的商业索赔数据。对上述信息的研究发现，虽然每家保险公司的医院价格都有所上涨，但 Summit 的价格上涨幅度要大得多。根据保险公司的不同，Alta Bates 的价格涨幅为10.2%～20.7%，而 Summit 的价格涨幅为29.0%～72.0%。并购前，Summit 的价格大大低于 Alta Bates 对应的所有五家医疗保险公司的价格。差异范围从21.7%到47.2%不等。并购后，两家医院的价格基本相近。三家保险公司的价格差异幅度小于5%，其他两家保险公司的价格下降8.9%～13.8%。

评估小组建立了庞大的对照组，包含几十个医院，均为有200张病床以上的城市的、非政府的综合服务医院。控制组的医院不包括最近参与并购的医院，以及与这些并购医院在同一都市统计区域的医院。回归分析显示，Summit 并购后的价格变化根据医疗保险公司的不同，比对照组的平均价格变化高出28.4%～44.2%。这些价格涨幅在5%以上的数据都具有统计学意义。相比之下，Alta Bates 的价格变化与对照组在统计上没有差别。

本次评估发现在交易前 Summit 的收费明显低于 Alta Bates，但并购后两者的价格趋同。虽然 Alta Bates 在并购后的价格变化与其他医院的价格变化相似，但 Summit 是加利福尼亚州同类医院中价格涨幅较大的医院之一。对这种不对称性的一种解释是，作为商保患者医院服务的大型提供者，Alta Bates 是 Summit 价格的主要制约因素。并购后，这两家医院将这一限制内化，导致 Summit 的价格上涨。相比之下，并购前 Summit 吸引了相对较少的商保患者。在某种程度上，与 Summit 不同，Alta Bates 并购前的价格主要受到其他医院的限制，吸引了大量商保患者，因此不会对 Sutter/Summit 的交易将带动 Alta Bates 的价格大幅上涨抱有期待。

这一结论显示这一交易可能是反竞争的，并支持 FTC 在2002年对该项并购采取的措施。该结论还显示，即使并购各方都是非营利性组织，价格也会大幅上涨。该研究结果还有力地质疑了 Elzinga-Hogarty Test 方法在医院并购领域的适用性。在该方法中，相关地理市场被设定用来限制患者的流入和流出。然而，大量患者流动于两个地理区域间并不足以得出这样的结论：来自一个地区的医院间的价格竞争将阻止另一个地区的医院并购后的价格上涨①。

（三）New Hanover/Cape Fear 并购案的评估

1998 年，新汉诺威地区医疗中心（以下简称"New Hanover"）并购哥伦比亚海角恐惧纪念碑医院（以下简称"Cape Fear"）。这两家医院位于北卡罗来纳州威尔明顿，相距约 10 千米；其他医院间距离最近的大约有 32 千米。New Hanover 是一家大型公立非营利性医院，提供广泛的一级、二级和三级服务。Cape Fear 是一家小型社区医院，仅提供普通、急症护理服务。使用上述两例相同的评估方法，评估人员考察了并购的效果。

评估小组从 New Hanover 医院和四个大型私人保险公司那里获得了入院数据，控制组则是北卡罗来纳州 12 家均拥有超过 400 张病床的城市医院。评估结果非常复杂，其中两家保险公司均经历了并购后价格非常大的上涨，分别为 57% 和 65%，而第三家保险公司的估计增长率为 7.2%，第四家保险公司的价格则大幅下降，降幅达到 30%②。

---

① TENN S. The price effects of hospital mergers: a case study of the Sutter-Summit transaction [Z]. Federal trade commission working paper, 2008: 293.

② THOMPSON A. The effect of hospital mergers on inpatient prices: a case study of the New Hanover-Cape Fear transaction [Z]. Federal trade commission working paper, 2009: 295.

第四章 卡特尔/垄断协议执法的事后评估

第一节 垄断协议执法概述

垄断协议包括纵向垄断协议和横向垄断协议。横向垄断协议，是指处于同一市场水平上的、具有竞争关系的企业达成的有关限制市场竞争的协议或协调。经营者之间达成横向垄断协议是经济生活中最为常见和典型的垄断行为。与法学上横向垄断协议关系密切的一个术语是"卡特尔"。1998年经合组织提出核心卡特尔概念，将其界定为固定价格、划分市场、串通投标、限制产量等竞争者之间达成的反竞争协议、协同行为或者安排的行为，并指出"核心卡特尔是最严重的竞争违法行为"①，美国最高法院将核心卡特尔称为"反托拉斯法中最严重的罪行"②。

美国反托拉斯法中规制横向垄断协议的主要有三个法条，包括：

（1）《谢尔曼法》第一条第一款："任何旨在限制州际或国际贸易或商业的合同、托拉斯或其他形式的联合或共谋，都是不合法的。"此条所谓合同、托拉斯或其他形式的联合或共谋无疑包含横向垄断协议。

（2）《谢尔曼法》第二条尽管主要规制单方行为，但也包含"与他人联合、共谋垄断州际或国际的商业和贸易"的行为，其联合或共谋垄断行为的表现方式也可能是横向垄断协议。

（3）《联邦贸易委员会法》第五条（a）（1）规定："商业中或影响商业的不公平的竞争方法是非法的；商业中或影响商业的不公平或欺骗性行为及惯

---

① Council of OECD. Recommendation of the council concerning effective action against core cartels [EB/OL]. [2019 - 04 - 20]. http：//www. oecd. org/daf/competition/2350130. pdf.

② SCOTT D H. Caught in the act, inside and international cartel [Z]. OECD Working Party No. 3. [2019 - 03 - 20]. https：//www. justice. gov/atr/speech/caught-act-inside-international-cartel.

例，是非法的。"其中"不公平的竞争"可被解释为包含横向垄断协议。

欧盟对横向垄断协议的规定采取列举方式。《欧盟运行条约》第 101 条（1）规定如下："所有可能影响成员国间的贸易，并以阻碍、限制或扭曲共同市场内的竞争为目的或有此效果的企业间协议、企业协会的决议和一致行动，均被视为与共同体市场不相容而被禁止的行为，尤其是下列行为：（a）直接或间接地固定购买、销售的价格，或其他交易条件；（b）对生产、销售、技术开发和投资进行限制或控制；（c）划分市场或供应来源；（d）对同等交易的其他贸易伙伴使用不同的条件，从而使其处于不利的竞争地位；（e）使合同的缔结取决于贸易伙伴是否接受额外义务，且无论依其性质或按照商业惯例，该额外义务均与合同的标的无关。"

我国《反垄断法》中规制横向垄断协议的法条如下：《反垄断法》第十三条："禁止具有竞争关系的经营者达成下列垄断协议：（一）固定或者变更商品价格；（二）限制商品的生产数量或者销售数量；（三）分割销售市场或者原材料采购市场；（四）限制购买新技术、新设备或者限制开发新技术、新产品；（五）联合抵制交易；（六）国务院反垄断执法机构认定的其他垄断协议。本法所称垄断协议，是指排除、限制竞争的协议、决定或者其他协同行为。"本条非穷尽式列举了横向垄断协议的类型，并通过对垄断协议的定义附加了效果要求。

理想的卡特尔通过限制产量来提高商品的价格。通过限制产量和提高价格，企业试图增加行业利润，从而增加自己的个人利润。卡特尔将表现得像垄断一样，并试图获得垄断利润。当卡特尔形成时，理想上的产量和价格是垄断产量和价格，所以卡特尔状态下的产出应当满足边际成本（MC）等于边际收益（MR）这一条件。由于卡特尔产出等于垄断产出，因此存在类似于垄断企业的无谓损失（deadweight loss），又称为福利净损失（welfare loss）。基于上述理论，对卡特尔执法决策影响的定量评估，一般首先测算卡特尔产生的无谓损失，这个损失也就是共谋价格与竞争性反事实之间的差。卡特尔禁令预计将消除这种无谓损失。另外，一些评估还会考察卡特尔造成的威慑效应。这种评估源于一个基本认知，即卡特尔的预期收益将超过预期的处罚，因此法律施加的救济或制裁应当高于卡特尔预期的收益[1]。

---

[1]　ROBERT H L. Comparative deterrence from private enforcement and criminal enforcement of the U. S [J]. BYU law review, 2011 (2)：315.

第二节 对竞争执法威慑效应的评估

威慑由可合理预见的惩罚及对违法活动的发现率共同组成①。威慑的形式可以是民事赔偿、行政处罚或者刑事惩罚，其作用是通过法律后果产生震慑力，制止市场参与者达成卡特尔或进行其他反竞争行为。威慑效应是竞争执法最主要的追求之一，竞争执法不仅在于处罚反竞争行为，更在于通过执法明晰市场经营者交易和从事商业行为的界限，防止出现更多的违法行为。威廉·兰德斯教授指出，为了实现最佳威慑，对反垄断违法者实施的制裁应该等于违规行为的净损害除以检测违规的概率。另外，由于并非每个卡特尔都会被发现或成功制裁，因此对卡特尔产生的损害应该赋予大于 1 的权重。总体而言，针对卡特尔的最佳制裁等于危害除以检测概率和制裁概率的乘积②。然而，尽管理论框架简单明晰，威慑效应的测量却十分艰难。英国 OFT 在 2007 年挑战了这一难题，对其所作执法行动的威慑效应进行了基于调查的全面定量评估。

本次评估由 OFT 委托 Deloitte & Touche LLP 公司完成，旨在评估 OFT 执法行动的威慑效应，具体问题包括：英国竞争制度对公司的影响是否因其行业和规模而有所不同？在激励遵守竞争法方面，哪些因素最为重要？哪些合并和竞争法律决策对公司的行为影响最大？公司是否经常从事 OFT 不了解的反竞争合并或行为？OFT 执法是否会阻止并非反竞争的合并或经营行为？本次评估的主要目的是估计威慑效应的规模，而考查这一规模的具体方法是在竞争监管机构干预后，评估被禁止或修改的某一特定类型行为，包括合并、卡特尔、商业协议和滥用市场支配地位行为的数量与被禁止或修改的行为数量之比。

一、评估方法

评估小组首先指出，在执法的直接效果和威慑效应之间划出界线并不容易。以合并为例，竞争委员会直接介入的合并显然是竞争执法的直接后果，在没有竞争执法机构介入时，相关公司以竞争法律风险为由放弃合并明显是威慑效应的体现。但这二者之间存在模糊地带。例如，在向 OFT 进行合并前的咨

---

① 喻玲. 从威慑到合规指引：反垄断法实施的新趋势 [J]. 中外法学，2013 (25)：1199.
② WILLIAM M L. Optimal sanctions for antitrust violations [J]. U. CHI. law review，1983 (50)：652.

询后，或在 OFT 决定将其提交给竞争委员会进行更严格的审查后，相关公司放弃了合并的情况，很难确定是否为威慑效应的体现。为方便评估，评估小组放弃了对这些中间状态的考虑，威慑效应仅指在 OFT 发现前经营者因为顾及竞争执法而放弃合并或者经营安排的情形。

另外，必须考虑到违反英国竞争法的同时，还存在违反其他法域法律的风险。根据反垄断法的域外适用原则，当一项交易或市场行为对所在国之外的市场有实质影响时，可能引发域外执法。为尽量确保评估的威慑效应与英国竞争执法机构有关，在问卷设计上注明了是"主要因为 OFT 调查风险"而被放弃或修改的行为。即便对问题做了特别设计，调查结果显示的威慑效应仍不一定与 OFT 的当下执法存在必然的因果关系，不能排除威慑效应的产生是欧盟层面的执法或者其他竞争执法部门如竞争委员会的行为导致的。

本次评估主要采用调查问卷的形式。Deloitte & Touche LLP 公司通过市场调查公司 ORC 国际进行了三次调查，包括：

（1）访谈：在 2006 年 5 月至 11 月期间，对公司律师和经济学家进行了 30 次访谈。具体访谈对象包括 12 家私人律师事务所的合伙人律师 12 名、主要经济咨询公司的资深从业人员 3 名和公司中负责竞争合规工作的经理或内部顾问 15 名，职位主要是公司秘书、法定董事、法律总顾问或竞争主管。访谈涉及一系列不同规模的公司，有 10 家公司拥有 1 000 名英国员工，有 2 家拥有 500 名至 1 000 名员工，有 3 家拥有 200 名至 500 名员工。这些公司活跃于不同的领域，包括能源、快消产品、金融服务、制造、传媒、零售和电信。

（2）法律调查：2006 年 9 月至 11 月期间，对英国和比利时的 234 名高级竞争律师进行了电话调查。调查由专门的市场调查公司完成，而样本和问卷的设计由 OFT 等确定。样本包括 730 名在英国和比利时有竞争案件处理经验的合伙人律师。调查总共获得 234 份答卷，答复率为 32%。参与调查的律师在竞争事务的处理上有丰富的咨询经验。

（3）公司调查：2007 年 2 月和 3 月，对 202 家英国公司进行了电话调查。威慑效应通常在公司层面体现，不涉及外部法律建议。为了评估在此层面运作的威慑效应的规模和性质，评估小组与 OFT 协商设计了公司电话调查。调查同样由市场调查公司完成。调查针对的对象是公司内部全面负责竞争合规的经理或内部顾问。样本根据企业数据库构建，根据员工人数（200～499 名、500～999 名和 1 000 名及以上），202 家均是在各自行业内保持活跃的公司，可依据公司规模分为三类。

二、评估内容

评估主要涉及合并、卡特尔、商业协议和滥用市场支配地位的影响等多个层面。

1. 针对合并的调查

在针对律师的法律调查中，受访者被问及在过去三年中他们接受过多少次符合条件的合并事件咨询，以及在 OFT 发现这些合并之前，有多少合并被放弃或修改。他们还被问到这些合并中有多少导致了持续性的竞争减少或承诺替代。本次调查中，对于 2004 年至 2006 年寻求了外部法律咨询帮助的合并，其中符合评估条件的合并共 3 304 项。其中在 OFT 发现该项合并之前，基于竞争理由放弃的合并共 262 项，占比 8%。在 OFT 发现该项合并之前，基于竞争理由进行修改的合并共 223 项，占比 7%。其中被竞争委员会发现并认定存在导致竞争持续性减少的可能性或有实施替代性承诺的可能性的合并为 92 项，占比 3%；属于 OFT 未发现的已完成的，且其不可能给予无条件许可的合并数量为 99 项，占比 3%。该结果与访谈获取结果大体一致，访谈中每年平均处理 30 项符合条件的合并的五家律师事务所给出的反馈显示，每家律师事务所因竞争理由建议放弃拟议中的合并交易的数量占比约为 10%。

法律调查只能展示在提出外部法律建议后被放弃或修改的拟议合并，公司调查则通过针对公司的问卷调查，试图估计竞争法在公司内部层面的威慑效应。公司调查报告的合并共 130 项，其中在 OFT 发现该项合并之前放弃的有 11 项，占比 8%；在 OFT 发现该项合并之前进行修改的有 5 项，占比 4%；根据外部法律建议采取放弃或修改决定的合并共 4 项，占比 3%；发现存在导致竞争持续性削弱的可能性或需要提出替代性承诺的合并共 6 项，占比 5%。

虽然样本量很少，但似乎在没有外部法律建议的情况下，也有许多拟议合并被公司决策者放弃或修改。因此，任何仅考虑在外部建议之后放弃或修改的合并其威慑效应估计将是不完整的。公司调查中放弃（8%）和修改（4%）的合并比例，与法律调查中可比较的比例（8% 和 7%）相当。这为法律调查提供了一些佐证。但鉴于总体报告案件的数量较少，很难从公司调查中对威慑效应规模得出精确的结论。此外，由于结果是基于受访者提供的估值，因而可能会存在一定的测量误差。在访谈中，有人多次提出这样的观点，在不详细查阅记录的情况下，很难准确估计咨询顾问参与的拟议合并的数量。此外，并非所有受访者都记录了他们被咨询过的符合条件的合并数量，以及被放弃或修改的合并数量等。出于这些原因，法律调查的结果仅能被视为近似值。

尽管最终 5∶1 的比例看上去是合理的，但考虑到样本的数据处理可能存在录入错误以及含有不合常理的数据，评估小组对数据的敏感度进行了分析。通过去掉最小比例数据 4.5 和最大比例数据 6.1，最终的平均比例显示结果是稳健的。此外，评估小组还使用一种估算比例的标准方法计算出威慑比例 95% 的置信区间在 3.5 到 7.0 之间。

上述比例的另一个假设是律师的数量在不同类型的案件中是不变的，例如在 OFT 发现前因竞争理由放弃的合并中，公司将会咨询相同数量的律师。而在这些案件中存在可能违反竞争法的情形，然而，现实中可能有更多的律师参与了可能产生限制竞争风险的合并。基于这一考虑，威慑比例将会更高。此外，5∶1 的比例仅涵盖采取外部建议的合并。采访和公司调查显示，许多合并在没有外部建议的情况下被放弃和修改，这再次表明最终估计的比例是保守的。

企业可以通过拍卖的方式出售其资产，拍卖过程中会有几个不同的潜在买家参与。买家或卖家谁来承担反垄断风险需要通过商业谈判解决。如果买家承担风险，那么他们可能会降低报价；如果卖家承担风险，他们可能不会卖给出价最高的买家。在这些情况下，虽然合并通常会继续进行，但它可能与没有合并审查制度时发生的合并情况不同。该因素再次表明，这一评估低估了威慑效应。理想情况下，计算出威慑所带来的对消费者和公司而言节省的金额，能更为直观地展示威慑的效应。但是，由于无法获取准确的营业额信息，所以也无法对具体节省的金额进行测算。但评估小组认为有理由相信阻止合并所节省的金额数很大。访谈表明，除非存在明显的竞争风险，否则很少有公司会因竞争原因停止合并，同时如果阻止或修改拟议合并所节省的金额非常小，公司和顾问就不可能阻止合并推进。

拟议合并涉及的行业非常广泛，包括广告、银行、化工、建筑、娱乐、食品、信息技术、保险、制造、传媒、制药、零售、运输等。英国竞争当局审查合并时的集中度，包括市场份额或可靠的替代供应商数量，这些信息通常是最重要的因素。市场壁垒，如进入和退出市场的历史以及买方势力也是重要的参考要素。在访谈中最常被提及的行业是银行和超市，其他行业包括酿造、建材、能源、保险、电信、公益、食品等。

公司调查还显示，如果最近竞争委员会对该行业进行了调查，那么合并更有可能被放弃或修改。尽管在考虑的所有合并交易中，有 12% 是出于竞争原因被放弃或修改的，但在竞争委员会已进行过反垄断调查的行业，这一比例升至30%。有反竞争调查的行业与阻止合并的行业之间的统计关联不一定是因果关系。还有一种解释是，高度集中的行业更有可能同时遭遇反竞争调查和合并阻止。然而，访谈结果为这一关联提供了支持，在一些例子中，受访者明确地说合并被放弃是竞争委员会之前决定的结果。

公司规模和合并数量呈现反比关系。英国合并制度对大公司的影响大于对小公司的影响。在拥有200～499名员工的公司中，只有3%的公司考虑过符合条件的合并，这一比例在拥有500～999名员工的公司中上升至11%，在拥有1 000名及以上员工的公司中上升至30%。但调查并不支持这样一种假设，即大公司比小公司更有可能放弃或修改符合条件的合并。

关于特定的执法机构决定是否会对公司合并的意愿产生重大影响，无论这种影响是阻止还是鼓励其他合并，最常提到的决定是劳埃德/艾比案，据说这一决定对银行业产生了负面影响。一家金融机构的顾问表示，他们公司考虑过的一些交易，就是基于这一先例而被放弃的。Safeway案也被多次提及，受访者认为其阻碍了其他零售企业的合并。Heinz / HP案是另一个带来负面影响的直接例子。

一位接受访谈的顾问表示如果Heinz / HP交易被限制，那么向他咨询的某项交易也肯定会被限制。案例影响通常限于相关行业，而不是面向整个经济体。无条件通过的合并是否会鼓励其他拟议合并，情况尚不明确。访谈中两位顾问对卡尔顿/格拉纳达（Carlton/Granada）案没有被禁止感到惊讶，但不确定这一决定在多大程度上是可以普遍参照的先例。

英国实行自愿报告制度。合并各方可以在不通知OFT的情况下合法完成合并，即使他们认为交易属于OFT的审查范围。因此，可能会有一些合并，OFT因为对其不知情而没有采取行动。在法律调查样本中有52名律师表示存在这类合并，并且有律师认为OFT不太可能无条件地通过其中99项已完成的合并。法律顾问认为不太可能获得OFT无条件批准的合并与那些被发现、禁止和限制的合并比例约为1∶1。还应指出的是，一些公司认为不太可能获得无条件批准的合并可能在不听取外部建议的情况下完成。

这显然是英国合并制度的一个缺陷，但也有观点认为这不是一个严重的问题。一方面，已有的证据表明，隐蔽合并平均比OFT要求施以救济或提及的合并规模要小；另一方面，隐蔽合并并不代表该制度的严重失败，如果合并是反竞争的，供应商、客户或竞争对手可能会将合并提请OFT注意。当然该问题确实造成了一定的负面影响，引入符合条件的合并强制性报告制度可能会降低合并效率。另一项建议是维持自愿制度，但会增加OFT用于监测符合条件的合并的资源。最根本的解决方案是，允许 OFT 或 CC 对认定为反竞争的合并交易进行处罚。在这种情况下，对合并的处理将与现行竞争法中对垄断协议的事后处理类似。

竞争执法有可能阻止非反竞争的合并行为，从而产生寒蝉效应导致商业低迷。法律和公司调查显示，英国政府阻止非反竞争合并的情况非常少。在访谈中更详细地讨论了商业低迷可能发生的三种情况：第一，OFT 和/或 CC 可能错误地对合并是否具有反竞争性进行了评估，并要求禁止或修改。如果公司或其顾问正确预测 OFT 和/或 CC 的决策，那么他们可能会放弃或修改合并，尽管这些合并实际不具有反竞争性，但预计会被评估为反竞争。第二，OFT 和/或 CC 正确地评估合并，但公司和顾问很难预测他们的决定，因此放弃或修改合并，这些合并实际上可以无条件或以较低的条件被许可。第三，OFT 和/或 CC 正确地评估合并，公司和顾问以合理的准确度预测到他们的决策，但获得许可的经济成本和时间成本都很高，以至于公司放弃或修改合并。

合并控制程序产生的直接成本是 OFT 收取的合并费用和咨询费用。除了直接成本外，执法机构关注的可能还有其他负面影响，比如管理分散，对与员工、客户和供应商的关系造成破坏性影响，导致企业处于"不稳定"状态。这通常被认为会影响被合并的企业。虽然获得 OFT 许可所涉及的成本和时间延迟很少会成为交易的阻碍，并且预期竞争委员会最终将给予无条件许可，但竞争委员会调查所涉及的成本和时间延迟非常重要，也经常导致交易被废弃，即使预期竞争委员会最终将给予无条件许可。有受访对象指出，实力强大的收购方很乐意将竞争对手拖进旷日持久的合并控制过程，因为即使他们最终无法完成合并，竞争对手也会因此受到损害。受访者指出，阻止非反竞争的合并比未能发现反竞争的合并其影响更为深远。

另有意见认为，OFT 某些不必要的程序使就救济措施进行谈判变得困难。具体而言，OFT 通常不会指出哪些救济措施足以解决其关键的竞争问题，并且各方没有机会与 OFT 内的最终决策者进行对话，因此各方只能就 OFT 会接受哪些救济方案进行猜测。一些具有欧共体和美国合并控制制度经验的律师和公司顾问表示，在英国与 OFT 就如何补救关键竞争问题进行讨论非常困难。对这一问题的改进建议包括精简 OFT 和 CC 的相关程序，提升执法机构与被执法对象的沟通时间和质量，更好地配置资源以便更快地审查案件，更合理地安排费用，改进通知前的讨论，并提供更多机会就关键问题和潜在救济措施进行有意义的对话。

大部分受访者认为 OFT 的合并决定是合理且可预测的。同时受访者也提出了一些问题，包括在 IBA Health 一案之后，受审查的合并案件其可预测性急剧下降，合并决策可能取决于案件相关官员的身份、意见等。外部顾问就保密指导的价值发表了非常广泛的意见。有些人认为它毫无价值，而另一些人则认为它是一项极有价值的服务。

2. 其他竞争法威慑

在法律调查中，受访者会被问及由于遭遇 OFT 审查风险或可能被视为卡特尔，其客户放弃或大幅修改现有或拟议的协议的情况，同时针对滥用市场支配地位的情况，评估小组也提出了类似的问题，以量化执行的威慑效应和直接影响。从面向律师的调查中总结的 2000—2006 年威慑效应和直接执法情况如下：客户因被 OFT 审查的风险而放弃或大幅修改现有或拟议的协议总计 1 361 件，而涉及特定客户被 OFT 认定是卡特尔的案件数量为 295 件，威慑比例为 4.6%；考虑到 OFT 根据《欧共体条约》第 81 条垄断协议的规定可能出现的审查风险，客户放弃或大幅修改现有或拟议的协议共 1 713 件，被搁置或大幅修改的非卡特尔商业协议的数量为 818 件，而实际被审查的案件数为 231 件，威慑比例为 7.6%；客户因 OFT 基于滥用市场支配地位的调查风险，放弃或大幅修改的协议为 1 228 件，同时 OFT 对于滥用市场支配地位的协议处罚数量为 512 件，威慑比例为 3.9%。

电话调查中对客户放弃或大幅修改协议或商业计划的实例数量的估计应被视为近似估计。受访者有可能以不同的方式理解问题，例如询问协议或商业计划是否已被"放弃或大幅修改"，但对限定词"大幅"未给予定义。个性化的"协议"和"商业计划"也存在理解上的问题。例如英国的 10 个地区适用于一个大致类似的协议，并且由于担心 OFT 的执法行动而进行了修改。

为了检验对潜在偏离反应的敏感性，减去最高数值之后，对于卡特尔而言，结果相当稳健，威慑比值为 3.9 ~ 5.3；对于涉及其他横向垄断协议，范围更广，比值在 5.6 ~ 9.5 变化；而最不稳健的是滥用市场支配地位的比值，排除一个明显的异常值后滥用比值从 2.4 上升至 3.9。竞争法威慑比值的置信区间最为狭窄的是卡特尔，最宽泛的是其他垄断协议。

法律调查要求律师估计，在多少案件中客户基于 OFT 审查的风险，放弃或大幅修改现有或拟议的协议。"拟议的协议"一词指书面或非书面的协议提案。但是，如果该问题被解释为仅包括非书面形式，那么这将排除要求律师修改书面形式的协议以遵守竞争法的情况。同样，调查要求律师估计，在多少案件中客户基于 OFT 审查的风险，放弃或大幅修改了一项可能被视为滥用市场支配地位的商业计划。这个问题的目标是提议和执行商业计划，但可以狭义地解释为仅仅是商业计划的执行行为。上述问题更容易被狭义地解释，因而将导致对所评估的威慑效应的低估。

公司调查进一步考察了竞争执法在公司层面的威慑效应。在抽样调查的202 家公司中，有 20 家表示，由于存在被 OFT 审查的风险，它们已经放弃或大幅修改了某项现有或拟议的协议，而这种协议可能被视为卡特尔。有 21 家表示，它们放弃或大幅修改了一项协议，有 11 家放弃了一项倡议，因为这可能被视为滥用市场支配地位。

为保证结果的稳健性，在根据公司调查计算威慑比例时，采用了以下保守假设：①拥有 200～499 名员工的公司的结果被忽略；②如果公司报告的被放弃或被大幅修改的协议或行为不止一个，就会被视为只报告了一个。由此得出的威慑比例卡特尔为 16%，商业协议为 29%，滥用市场支配地位为 10%。这些比例包括采取外部法律建议的情况和不采取外部法律建议的情况。将这些结果与法律调查的结果进行比较，可以看出结果是相似的，但比例要高得多。对比例较高的一种解释是存在不采取外部建议的威慑活动。

由于受访对象局限于负责竞争合规的经理或内部顾问，如果存在受访者不知情的威慑活动，则这种方法将会导致对威慑的低估。在公司调查中，关于可能被认为是卡特尔的协议，相关问题是："自 2000 年 3 月以来，有多少次贵公司因为被 OFT 审查的风险放弃或大幅修改了与其他公司的现有或拟议的协议？"在商业协议和滥用市场支配地位方面也提出了类似的问题。对这些问题的积极回应并不等于自证其罪，这些协议可能已被提出而非实施，并且在任何情况下，由于调查风险，合法的以及非法的活动都有可能被放弃或修改。如果回应者仍然有上述担心，则威慑效应的规模估计将会偏低。

该调查的另一个目标是了解企业在竞争事务中寻求外部法律建议的意愿强弱。对于放弃或修改合并的案件或行为，被调查的公司接受外部法律建议的比例分别为：潜在的滥用市场支配地位为 95%，卡特尔为 61%，商业协议为 38%，合并为 25%；外部建议更多地针对竞争法而不是合并，而且几乎总是针对潜在的滥用。

法律调查考虑了竞争法的威慑效应在不同行业的差异。对于英国竞争法制度是否对商业决策有特别大的影响，既包括执法的直接影响也包括执法的威慑影响，给出肯定答复的行业比例是建筑（28%）、制药（13%）、电信（11%）、一般零售商（10%）、电力（9%）和运输（8%）。这些答复与在这些行业中发现的侵权行为的比例近乎一致，即建筑（29%）、制药（10%）、一般零售商（14%）和运输（5%）。例外情况是电信和电力行业，它们由行业监管机构负责处理，而且没有 CA98 侵权裁决的情况。对于问题处罚决定是否对某一行业的反竞争措施具有比其他行业更大的威慑作用，答复中比例为同意的占 43%，非常同意的占 32%。在公司被问及是否有任何对其商业行为有影响的 OFT 个别决策时，能够识别个别决策的公司相对较少：202 家公司中有七家（3%）能够指出影响其行为的个别执法决策，还有一家公司能够识别出一组决策（建筑行业）。还有两项不同的测试用于调查该行业的威慑作用是否强于整体经济：①如果行业中有此类决定，那么修改或放弃某一特定类型行为（如卡特尔）的公司比例是否高于样本中整体的比例。②在某一特定类型的决策中，某一特定类型放弃或修改行为的平均数量是否高于整个样本中的数量。无论采用上述两种测试中的哪一种，几乎没有证据表明，相关行业的威慑效应比整体更强。这些结果与合并的结果形成了对比。在合并中，调查结果显示了行业威慑效应的明显差异。

调查表明，竞争法对大公司的影响大于对小公司的影响：由于存在被 OFT 审查的风险，随着公司规模的增加，改变其行为的公司所占比例有所增加。对较小的公司（200～499 名雇员）进行的访谈表明，竞争政策影响它们日常商业生活的主要领域是协议领域，关于合并控制和滥用市场支配地位的规定被认为无关紧要。

违反竞争法可能会对企业或负责人产生一系列不利后果，包括经济处罚、协议不可执行、行政和咨询费用禁令、第三方损害赔偿诉讼、负面宣传、取消董事资格，以及对"不诚实"卡特尔的监禁。访谈表明，最相关的制裁取决于侵权行为的类型。经济处罚、负面宣传和取消董事资格被视为对卡特尔和滥用市场支配地位的重大制裁。对卡特尔的刑事起诉也被视为是一项重要的制裁措施。相比之下，就商业协议而言，不可执行性通常被视为主要关注的问题。律师和公司顾问都认为刑事处罚是最严重的制裁，私人损害赔偿诉讼影响最小。罚款的排名有一些不同：公司顾问认为取消董事资格、负面宣传比经济处罚影响更大；律师则并不这么认为。

执法机构的处罚决定所产生的威慑效应似乎与其对合并的威慑效应不同。虽然调查收到了许多由于可能违反 OFT 执法行动而被放弃或修改的协议和倡议的案件，却没有一件是因先前的个人决定而被特别放弃或修改的。唯一被多次提及的执法决定是 Hasbro/Argos/Littlewoods 合并案。

理论上，应将被威慑的侵权行为的规模与未被威慑的侵权行为进行比较：即使威慑效应比直接影响大，但如果只有一小部分侵权行为得到遏制，则可以认为该制度无效。但是，评估未被制止的侵权行为的规模非常困难。尽管有保密承诺，但受访者还是对自己的行为可能被控告感到担忧。调查并没有尝试对未受制止的侵权行为的规模进行任何定量评估，尽管调查从某些方面涉及了这个问题：例如，受调查的样本公司中，有22%的公司认为它们受到了其他人违反竞争法的伤害。对于制度有效性的问题，律师和公司顾问都认为英国执法机构在阻止卡特尔方面的工作最为有效，在阻止其他形式的反竞争协议方面效果较差，在防止滥用市场支配地位方面效果最差。

调查和访谈得到了大量寒蝉效应的案例佐证。在市场支配地位方面，包括不提供回扣或不向商业伙伴发放许可证，因为经营者基于避免违反歧视规则的考虑，多会向商业伙伴发放许可证。一些顾问表示，几乎所有的竞争尝试都可能被视为排他行为，因此占主导地位的公司都"被捆着一只胳膊打斗"。经营者最担心的是供应商通过要求零售商降低其零售价格来实施促销或满足与新进入者的竞争，此举可能会被视为纵向价格限制，因此即使这样做会令消费者受惠，亦应避免。一些律师说，继 Replica Football Kit 和 Hasbro/Argos/Littlewoods 合并案以及竞争上诉法庭对这些案件的判决之后，供应商和零售商之间是否会就价格进行合理沟通变得不确定。业务降温的其他例子包括：运输业者协调"儿童票价"；允许消费者使用对金融产品进行价格比较的技术手段。由于竞争法的风险，这些倡议被放弃。

调查发现公司及其顾问对寒蝉效应的担忧相当普遍。访谈中有两个相关问题：第一是英国的竞争制度妨碍了不具有反竞争性质的协议或行为的实施频率，调查显示寒蝉效应的产生被认为更多的是由于竞争法执法而非针对合并的调查。第二是英国的竞争机制在多大程度上阻止了公司的主动行动，尽管它们认为该行为不会造成反竞争情况，28%的公司说有时会存在这种行为。公司往往担心，它们的行为会被视为卡特尔，而不是滥用市场支配地位。21家公司因担心自己的行为会被视为卡特尔，而不敢实施它们认为不具有反竞争性质的行为。与此相比，有9家公司担心自己的行为会被视为滥用市场支配地位，6家公司担心被视为独家经营，3家公司担心被视为掠夺性定价，2家公司担心被视为回扣。

关于可预测性，公平贸易局竞争执法工作的可预测性通常被认为低于其合并工作。然而，决定的公布据说有助于提高可预测性。大部分律师认为，卡特尔案件本质上比其他类型的侵权行为的可预测性更高。

对被视为产生威慑效应的相对不重要的原因，欧盟委员会和公平贸易局均表示，它们鼓励私人赔偿诉讼。一个备受争议的政策问题是，如何减少公司提起诉讼的障碍。在接受抽样调查的202家公司中，有45家（22%）说，它们认为自己的公司受到了其他人违反竞争法的伤害。较大规模的公司（员工超过1 000人的公司）受到伤害的可能性比小公司要大（大型公司30%，小型公司17%，中型公司14%）。在45家认为自己因他人违反竞争法而受到损害（56%）的公司中，有25家没有考虑提起私人诉讼。其中五家公司最终决定提起诉讼。常提及的不采取行动的理由是，预期成本大于效益，有17家公司提到这一点。在总体计算范围内，可以将所提出的理由分为影响行动成本、成功的可能性和预期效益。费用方面，涉及法律相关费用和时间被认为是极其重要的因素。收集材料很费时间，同时分散管理的注意力，而且诉讼程序本身可能需要数年。除了程序的明确费用外，有四名被调查者指出，有可能对与供应商的商业关系造成破坏也是不采取行动的原因。这些因素与诉讼成功的可能性有关。其中九家公司列举了缺乏证据或难以履行举证责任的情况。有两家公司指出法律不够明确。九名被调查者认为，与对手相比，他们的公司规模相对较小，而较大的公司更有能力承担诉讼费用，也有资源雇用更好的律师。有两家公司表示，它们已告知公平贸易局可能存在侵权问题，但当公平贸易局决定不采取行动时，它们就放弃了私下提起诉讼的想法。另外两家公司表示，没有什么OFT案件可以"搭便车"。其中一家公司说，在某些案件中，即使它们成功了，赔偿金额也不会超过成本。在另一起案件中，该公司认为，即使胜诉，也不可能取得预期的结果。什么是公司采取私人诉讼的主要障碍，以及如何减少这些障碍，这些问题是复杂且多面的。公司有许多理由不提起诉讼，即使它们认为自己受到了其他人违反竞争法的伤害。最重要的因素是费用和时间延误、对商业关系的损害、缺乏证据、法律不明确、被诉讼方的规模，以及成功情况下可预见的利益有限。

有一项建议是审查各公司开展的合规活动以了解威慑效应的规模。这种方法当然是间接的，因为合规方案的存在并不能保证不违反竞争法。审查显示最常见的合规活动是接受外部法律建议（占公司数量的40%），其他相对常见的活动包括制定政策守则（34%）、举办竞争法研讨会（26%）、聘用专门的遵守竞争法干事（20%）、接受经济咨询（1.6%）和要求雇员参加在线培训（9%）。调查还显示一家公司是否进行合规活动与其规模密切相关。如果公司开展了某种形式的合规活动，那么基于被公平贸易局审查的风险，它们更有可能放弃或调整自己的行为。虽然具有被公平贸易局审查的风险，整个抽样中有18%的公司以某种方式放弃或调整了它们的行为，但在去年采取了某种合规活动的公司中，放弃或调整其行为的比例上升到27%。

调查的最后一个问题是：可以采取哪些措施来加强英国对违反竞争法行为

的威慑效应。对公平贸易局的作用和决定进行更广泛的宣传是最常见的建议。首先，让公司了解法律禁止的内容，并将这一知识分享到公司的销售团队中，而不是简单地由几个合规人员掌握。其次，对违反竞争法的公司进行负面宣传，这一行为起到一定的威慑作用。还有些建议表示，如果公众对竞争法有更广泛的认识，他们可以举报潜在的侵权行为。

调查显示，英国竞争法私人诉讼的威慑与公共执法行动相比，并没有被视为有效的威慑反竞争行为的工具。这与美国的情况相反，主要是因为美国竞争法采取惩罚性赔偿，与民事诉讼中原告可能遭受的金钱创伤相比，美国政府的罚款仅仅是毛毛雨。在律师提出的如何改善威慑效应的建议中，排除采取私人诉讼的障碍是最经常提出的建议。欧盟委员会也鼓励私人损害赔偿行动。

作出执法决定的时间也很重要。有时竞争委员会的调查持续两年多是不寻常的。Replica Football Kit 并购案调查时长超过四年，Mastercard 的调查时间超过五年。2005 年英国国家审计办公室的报告讨论了 OFT 竞争法调查的时间长度问题。在英国，根据《2002 年企业法》或普通法关于共谋诈骗的规定，尚未成功地对卡特尔行为进行刑事起诉。许多人认为，刑事条款对卡特尔行为的威慑效应在成功起诉后将显著增加。执法机构在商业协议和滥用市场支配地位方面作出的侵权决定相对较少。许多律师和公司顾问认为，作出更多和更频繁的决定对于建立可靠的威慑效应是重要的。增加对违法行为的罚款预计会相应增强威慑效应。一些公司在其评论中提出的一项建议是，罚款的数额应与侵权公司的规模相称。公平贸易局在决定违反竞争法的罚款时，起点是上一商业年度侵权公司在有关市场的营业额的一小部分，通常不到 10%。这个起点可以调整，以实现威慑等政策目标，比如考虑侵权公司的规模来决定赔偿额度。不少被调查者表示，对于一家大型上市公司来说，根据规定给予的罚款数额可能会被置之不理。

公平贸易局执法工作的威慑效应最终必须根据现有资源加以评估，许多被调查对象认为，公平贸易局在财政和人员两方面可用来开展工作的资源非常有限。公平贸易局 2006—2007 年度计划显示，合并控制预算为 210 万英镑。根据这一预算，预计公平贸易局将审查 180～230 项合并申请，这意味着每次审查合并的预算约为 1 万英镑。许多被调查者说，为了加强威慑效应，公平贸易局需要有更多的工作人员，而且这些工作人员需要得到更好的培训。2005 年英国国家审计署的讨论报告了公平贸易局在征聘和留任有适当工作经验的人员方面所面临的困难。

律师和公司顾问都认为，在许多情况下并不清楚法律禁止的是什么，并认为增进法律的明确性和简单性将有助于威慑。无论是关于滥用市场支配地位的规定还是在反竞争协议方面，法律都不够明确，尤其是在哪些类型的纵向竞争协议被禁止的问题上。

另一项建议是更多地使用取消董事资格的措施。EA02 法案提出了因违反竞争法而被取消董事资格长达 15 年的可能性。制裁不限于卡特尔，可以对任何违反竞争法的行为实施制裁。虽然该制裁还未被使用，律师和公司顾问都认为取消董事资格的威慑效应是巨大的，许多人认为更多地使用这一制裁将增强威慑效应。

还有人建议，应当通过宽大处理方案改进对举报者的激励措施，如给予举报者明确的财政奖励对于增强威慑效应非常有效。一位律师建议举报者应免于私人损害诉讼和公共机构征收的罚金。许多人还建议改进案件的优先次序，将重点放在那些具有重大市场影响的案件上。

三、评估结论

1. 竞争执法对合并的影响

针对律师的法律调查显示，2004—2006 年，相对于每项竞争执法机构干预的合并，至少有五项拟议合并在 OFT 发现此项合并前因竞争理由被放弃或修改。这一 5∶1 的比例被认为是合并审查威慑效应的下限，理由为：①法律只调查那些在接受外部法律建议后放弃或修改的合并交易，而在对企业的调查中，只有 25％ 的案件是在得到外部法律建议后才决定以竞争法为由放弃或修改合并。②该比例假设平均而言，与被阻止或修改的合并所咨询的律师人数相同。如果律师参与人数的平均值更高，那么这个比例会更大。此外，将以竞争法为理由而放弃或修改的拟议合并数量作为标准，可能会低估威慑的程度，因为竞争法也可能导致合并根本不被提出。

针对公司的调查显示，如果某行业最近有 CC 针对合并的调查，合并方案更有可能被放弃或修改。2004—2006 年接受调查的公司所考虑的所有合并中有 12％ 因竞争理由被放弃或修改，而自 2000 年以来一直被 CC 调查的行业中，这一比例升至 30％。调查中最常提到的阻止其他合并的两个决定是 Lloyds/ Abbey 案和 Safeway 案，银行和超市行业中有多个交易由于这些决定而放弃。

法律调查显示，2004—2006 年在 OFT 不知情的情况下完成，并且在律师看来 OFT 不可能无条件通过的合并数量至少与英国反垄断机构干预后被阻止或修改的合并数量一样多。这一比例应该被解释为合并审查威慑效应的下限，因为：①公司可能已经完成了一些合并，且认为 OFT 不会在不接受外部法律建议的情况下给予无条件许可。②该比例假设平均而言，在 OFT 不知情的情况下完成的合并与在干预后被修改或阻止的合并中，公司咨询的律师人数相同。就理论而言，应该有更多律师参与后一种交易。另外，有证据显示，以营业额来看，隐蔽合并的平均规模相对比 OFT 要求补救或参照 CC 进行的合并规模要小。访谈显示，对这一监管漏洞的政策性补救包括建立合并通知制度，要求所有合并都通知监管部门，或者加大惩戒力度，如对未予申报的违法合并进行较重的处罚。

有一些对合并审查的批评包括 OFT 的程序使得谈判补救措施变得困难，如 OFT 通常不会指出哪些补救措施足以解决一项合并中的关键竞争问题，各方没有机会与 OFT 内部的最终决策者进行对话。这些问题有时会导致合并不被申报给执法部门。

2. 竞争执法对卡特尔、商业协议和滥用市场支配地位的影响

法律调查的结果显示，2000—2006 年公司放弃或大幅修改的协议和举措的数量，与导致竞争执法决定的协议和举措的数量比例分别为：卡特尔为 5：1，商业协议为 7：1，滥用市场支配地位为 4：1。这些比例应被解释为合并审查威慑效应的下限，原因与上述合并比例相同。

评估小组用保守假设公司调查中的相应比例（任何公司在某一特定类别中报告了一个以上的威慑实例仅应被视为在该类别的一个威慑），得到的相关比例为：卡特尔为 16：1，商业协议为 29：1，滥用市场支配地位为 10：1。这些比例均为保守估计，公司调查相比律师调查显示的威慑效应更强，对此的解释是在公司受访者掌握的交易和举措中，只有一部分寻求了法律专业人士的意见。

相对于合并领域而言，竞争主管当局在特定行业针对特定垄断行为执法后对该行业的威慑效应的提升并不明显。当然有许多协议和商业行为由于 OFT 执法行动的风险而被放弃或修改，但很少是源于 CC 早期的特定个别执法案例的原因。在律师的调查中，律师较常提及的案例是 Hasbro/Argos/Littlewoods 和 Replica Football Kit。而在公司调查中，很少有公司表示 CC 的个别决定对公司的商业行为产生了影响，唯一被提及的是 Hasbro/Argos/Littlewoods。受访者普遍认为最能激励合规活动的措施是针对个人的处罚，而非针对公司的处罚。

受访者普遍较为担心竞争执法带来的寒蝉效应。尽管学术文献更多地关注滥用市场支配地位执法导致的寒蝉效应，但此次调查显示公司最为担心的是交易行为被视为卡特尔。访谈中提到的最常见的业务类型是，供应商希望通过要

求零售商降低零售价格来实施促销或满足与新进入者的竞争。公司担心这可能被视为纵向价格固定，因此即使效果会对消费者有利，也应该克制。受访者关于改善英国竞争法威慑方面较常提出的建议包括：加强宣传和教育、鼓励私人损害赔偿诉讼、加快执法决定的进程、对卡特尔提起更多刑事诉讼，以及作出更多决定或加强执法活动①。

第三节　对取消转售价格维持影响的评估

英国财政部报告《英国的生产率：确保长期生产率》指出，生产率增长是长期发展的关键因素，与就业增长一起导向更高程度的繁荣。在宏观层面，生产率的提高可以增加特定投入的产出，从而促进无通胀的经济增长和生活水平的提高。除了创新、投资、技能和企业，竞争被视为英国经济生产力五大推动力之一②。在微观层面，有相当多的实践证据表明竞争与生产力之间存在这种紧密联系。更大的竞争水平可以提高生产力，然而竞争政策提高生产力影响的实证证据不多。2008 年，OFT 委托东安格利亚大学竞争政策中心研究 1997 年书籍转售价格维持如何影响图书出版和零售业的生产力。其最终研究报告是 OFT 经济讨论论文系列的一部分，旨在分析英国竞争政策体系中关于购买者之间合作的合法性问题。

一、评估背景

转售价格维持（Resale Price Maintenance，RPM）是上游制造商控制下游分销商销售其产品价格的做法。大约从 20 世纪开始，英国出版商利用净价图书协议（Net Book Agreement，NBA）来限制英国书籍的零售价格，从而阻止零售商选择以出版商的净价出售书籍，任何偏离协议的零售商都将被所有出版商拒绝提供书籍。这种集体性质的净价图书协议执行是转售价格维持的典型形式。到 20 世纪 90 年代中期，这一做法已经开始瓦解，部分原因是该行业发生了重大变化。1997 年这一限制性做法被法院正式终止。20 世纪 90 年代中期，

① OFT. The deterrent effect of competition enforcement by the OFT-discussion document，OFT 963 ［EB/OL］. ［2019 – 04 – 15］. http：//www. oft. gov. uk.

② British Treasury. Productivity in the UK 7：secure long term productivity ［EB/OL］. ［2019 – 04 – 20］. http：//www. hm-treasury. gov. uk/media/C/C/productivity_uk7. pdf.

书商进入可以自由设定价格的新时代。取消净价图书协议为研究竞争加剧对生产力的影响提供了理想的案例。

首先，首次干预发生在 1997 年，因此在过去相当长的一段时间里，行业已发生了长期变化。其次，其他几个欧洲国家继续保持净价图书协议，因此提供了较好的参照。本次评估有两个目标：①以取消净价图书协议为案例研究，评估竞争政策干预对生产力的影响；②制定和评估一种方法，该方法不仅适用于这一特定案例研究，而且适用于评估竞争政策干预措施的影响。分析竞争政策干预对生产力的影响通常是一项艰巨的任务。由于生产力长期的变化性质，很难将政策干预的单独影响隔离开来。特别难以考虑反事实，即没有干预会发生什么，但就图书转售价格维持提供了一个较容易的衡量反事实的条件，使用国际比较就可以建立反事实。最后，图书行业是一个可以公开获得合理数量的信息和数据的行业。已有的证据提供了关于特定纵向限制及其废除的影响的丰富信息，弥补了学术实证文献在这一方面的缺失。相关市场广义上定义为在国内市场销售的书籍，也会在畅销书和深度图书之间做出一些区分，并区分出版商和零售商市场的数据。本次评估主要考察英国和德国在净价图书协议存废时间段内图书行业的生产力差距。数据主要使用 AMADEUS 作为数据源，该数据库提供了较为完整的图书价格和销售信息。

二、评估内容

1. 书籍上的转售价格维持

净价图书协议人为地限制零售商销售书籍的零售价格。该价格根据出版商选择的净价，确定任何偏离协议的零售商都将被所有出版商拒绝提供书籍。随着 1956 年《限制性贸易行为法》的出台，英国政府开始积极限制公司间纵向联合，这就禁止了任何集体强制执行限制措施。1964 年《转售价格法》规定禁止任何个人强制执行转售价格维持，净价图书协议显然涉嫌违反上述法规。为了寻求豁免，净价图书协议于 1957 年进行了调整。1962 年，法庭授予净价图书协议豁免权，巴克利法官先生强调书籍是不同的，认为净价图书协议是符合社会利益的。

20 世纪 90 年代中期，由于零售业性质的迅速变化，净价图书协议的执行变得越来越困难。首先，超市图书零售业的增长引入了具有巨大议价能力的新零售商。其次，书友会（book club）零售商折扣零售业务的出现，使得限制变得更加困难。1988 年，欧盟委员会认为净价图书协议违反了《欧共体条约》

第 85 条，导致该模式在爱尔兰的衰退。1995 年 9 月，出版商协会最终解除了该协议，使其无法为出版商所用。1997 年 3 月，法庭正式废止净价图书协议。图书零售商可以自由地将价格设定为低于出版商建议的水平，而不会受到惩罚的威胁。

其他国家在图书销售方面的模式各有差异。瑞典早在 1970 年就采用了自由价格，美国由于《谢尔曼法》从未进行过任何价格维持，法国在 1981 年建立了法定定价协议，而德国的 RPM 制度可以追溯到 1878 年，据称该协议提供了有效地供应健康的文学和学术书籍的渠道①。即使在采用定价协议的国家之间，也存在相当大的差异，包括：涵盖的书籍范围、必须保持固定价格的时间、与供应商协商的贸易条款、作者版税是否基于固定价格和包括文化增值税在内的政策。同样，自由价格体系也存在差异，如在瑞典，书籍上印刷建议零售价（RRPs）是被禁止的，而在英国则很常见。

在 20 世纪 90 年代末，欧盟委员会开始担心固定的账面价格制度违反了竞争法。对荷兰固定价格体系的调查在固定价格从进口账簿中删除时才结束。2000 年，针对德国、奥地利和瑞士的类似诉讼持续了更长的时间，涉及多国出版商和零售商的跨境固定价格体系是另一个问题。例如 2010 年，一家奥地利公司试图向德国消费者出售本应出口到奥地利的德国书籍，还有一家公司希望从比利时向全世界销售德国书籍。两家互联网零售商都试图让价格大幅低于德国的固定价格，因此被德国批发商和出版商拒绝供应。欧盟委员会不仅认为这会影响贸易，还认为拒绝供应是共谋行为。根据《欧共体条约》第 81 条第 1 款的规定，欧盟委员会一直在寻求保护成员国之间贸易的方法，但成员国在书籍定价上仍然享有一定的自主权。例如在 2004 年，在一桩由书店老板提起的诉讼中，德国一家法院的裁决阻止了一名记者在 eBay 拍卖网站上以低于固定价格的价格出售其书籍副本。

2. 转售价格维持对竞争和福利的影响

人们可以将转售价格维持定义为上游生产商为控制下游零售商而设定价格的任何做法。原则上，转售价格维持可以允许制造商决定净价图书协议中确切的价格。转售价格维持具有反竞争效果，首先，转售价格维持可以通过达成共谋来提高价格：

第一，转售价格维持可以通过抑制竞争来提高价格。净价图书协议中的一

---

① ALLAN W & CURWEN P. Competition and choice in the publishing industry [M]. London：Institute of Economic Affairs, 1991：22 - 23.

个关键问题是出版商之间可能存在共谋。在正常情况下，制造商无法监控竞争对手的批发价格，这可能会使共谋变得困难，因为任何制造商都可能在没有监测或惩罚的情况下偏离共谋价格。然而，一些相关论文已经证明转售价格维持可以帮助达成共谋并抑制制造商之间的竞争。另外，转售价格维持可能来自零售商而不是制造商的共谋。零售商可以从强迫制造商设置 RPM 中获益，以帮助协调和执行零售商共谋行为，并阻止低价进入者。

第二，Dobson 和 Waterson 认为转售价格维持可以降低制造商在静态框架内竞争的动力。他们在一个模型中分析了全行业转售价格维持的竞争效应，在这个模型中，两个制造商分别通过两个不同的零售商销售一个差异化的产品，并单方面协商批发价格。转售价格维持对价格有两种相反的影响。在某些情况下，转售价格维持可以降低价格。当零售商议价能力弱但市场力量强劲时，自由贸易将使零售商在已经很高的批发价格上再设置高价。因此，转售价格维持有助于降低低效率情况下的高价格。在其他情况下，转售价格维持可能会提高价格。当零售商议价能力很高且零售商之间竞争激烈时，自由竞争将使零售商努力降低批发价格，然后通过竞争迫使零售价格降低。转售价格维持可以防止这种情况，从而产生更高的零售价①。

第三，转售价格维持可以通过解决承诺问题来提高价格。所谓承诺问题，指由于下游零售商相信上游制造商会在联合行动缔约过程中实施机会主义行为，导致垄断的上游制造商不能对下游零售商有效地实施垄断行为。转售价格维持可以让制造商在与下游零售商谈判时，充分利用其市场力量，或者从技术角度来说，转售价格维持可以帮助制造商缓解其承诺问题。考虑一家刚刚向两家零售商提供相同合同的制造商的情况，现在制造商可能拥有与其中一家零售商重新谈判的有利可图的机会——为该零售商提供较低的批发成本，以便为其提供超过其竞争对手的优势。预计到这种可能性，两家零售商都不愿意签订昂贵的合同，制造商的市场力量将受到重新谈判的限制。然而，引入可信的全行业转售价格维持将消除这一承诺问题，因为零售商的利润将不受竞争对手在重新谈判后降低价格的影响。转售价格维持可以维持制造商的利润和零售价格，减少消费者剩余②。

其次，转售价格维持可能为社会带来潜在的好处。大量文献强调，通过转

---

① DOBSON P W & WATERSON M. The competition effects of industry wide vertical price fixing in bilateral oligopoly [J]. International journal of industrial organization, 2007（25）: 935 – 962.

② O'BRIEN D P & SHAFFER G. Vertical control with bilateral contracts [J]. Rand journal of economics, 1992（23）: 299 – 308.

售价格维持限制零售商价格竞争，可能会鼓励零售商提供消费者认为有价值的服务，例如销售人员的建议，或浏览零售商的各种库存。转售价格维持可以帮助生产者和消费者，增强零售商提供更高水平服务的能力和意愿。如果消费者认为某些零售商具有确定产品质量的高级技能，那么这些零售商仅储存一种产品就可能构成一种需求增强服务。转售价格维持可以维持较高的零售价格，促使成本较高的零售商囤积产品，而提高需求服务甚至福利。考虑差异化的零售双寡头，每个零售商都可以提供一些服务，使购买产品的成本更低，例如增加销售助理的数量、提供大量的库存或更大的停车场，消费者在对两家零售商的地理位置和时间成本选择上存在差异。在自由竞争下，零售商将专注于竞争边缘消费者，普通消费者对去哪家商店并不考虑成本，但边缘消费者的时间成本则低到需要同时考虑其他成本。因此，企业的价格和服务水平将由低于平均时间成本的消费者决定，这意味着均衡价格和服务水平将低于社会最优。转售价格维持可以恢复这种平衡，并增加零售商提供更高服务水平的动力。然而，转售价格维持也可能会让消费者的处境变得更糟，因为具有强大市场力量的制造商可能更喜欢高于社会最优的服务水平，从而产生过高的价格和服务[1]。

净价图书协议争议的一个关键问题是该协议对零售商提供库存的影响，或者是它对独立专业卖家存在的影响。转售价格维持可以通过限制降价者破坏零售商持有更多库存的动机，提供潜在的福利改善。在需求不确定的市场中，单一制造商向竞争性零售部门销售其产品。选择高库存的零售商能够在需求高时卖出产品，但在需求低时面临无法出售库存的可能性。在自由竞争下，零售商可以降低其价格，以增加出售库存的可能性，同时降低了竞争对手零售商出售其库存的可能性。这种可能性使零售商不太愿意持有大量的库存，因此转售价格维持可能会促使零售商持有更多的库存，从而产生更高的制造商利润。Deneckere 等人的研究表明，转售价格维持保证了利润的增加，但是对消费者剩余和总福利产生了模糊的影响，因为必须通过提高价格来弥补可用性的增加[2]。

上述理论探讨均缺乏有效的实证。Ippolito 分析了 1976—1982 年一组有关转售价格维持的法律案件的细节，发现转售价格维持案件中的 30% 包含最高

---

① WINTER R A. Vertical control and price versus nonprice competition [J]. Quarterly journal of economics, 1993 (108): 61 – 76.

② DENECKERE R, MARVEL H P & PECK J. Demand uncertainty and price maintenance: markdowns as destructive competition [J]. American economic review, 1997 (87): 619 – 641.

价格，而非最低价格，低于15%的案件符合共谋的解释①。有些研究使用事件研究法，通过分析公司股价的变化，考虑转售价格维持使用的因素如何影响所涉及公司的利润。尽管这类研究可能会因为假设股价能够正确反映潜在因素的所有变化而受到批评，但其结果仍然是有启发性的。Gilligan 分析了制造商运用转售价格维持受到反垄断挑战后股价的变化。他指出，制造商的股票通常会下跌，但目前尚不清楚股价的变化是否反映了预计利润的变化或相关的反垄断罚款②。Hersch 通过分析制造商和零售商在1951年 Schwegmann 案（削弱了RPM 在美国的法律效力）后的股票收益来讨论这些问题。他发现，许多制造商的利润保持不变，但包括电子产品在内的一些企业利润有所增加，这与零售商共谋的解释一致。零售商的利润也基本保持不变，但百货商店的利润却增加了。通过将变化与行业特征联系起来，这一结论在一定程度上支持了零售商共谋和特殊服务的解释③。Biscourp 等人于2007年通过研究1997年 Galland 法案对法国食品价格的影响，分析了转售价格维持的一些潜在影响。Galland 法案禁止零售商以低于发票成本的价格销售产品，但仍允许制造商在年底向零售商提供"发票外"的折扣或返利。制造商可以通过创造零售价格下限来消除零售商之间的价格竞争，尽管增加了发票成本，但同时通过返利来抵消对零售商的影响。研究显示，自1997年以来，整体的食品价格增长速度超过通货膨胀，在一开始价格水平较低的地区价格涨幅最大，与1997年之前的价格相比，价格竞争与该地区的价格水平无关。

3.　生产力

由于对效率和创新的积极影响，竞争可能会提高生产力。所谓生产力，包括劳动生产率，即每个工人的产出价值（每小时）和全要素生产率，即产出价值变化与劳动力和资本投入加权变化之间的差异。OFT 的一项研究报告确定了三个和生产力有关的因素机制：①企业效应：竞争或新进入者的威胁给企业施加压力，使其更有效地利用资源，从而提高效率和引入产品创新；②企业和市场之间的效应：竞争可以重新分配市场份额，生产力较高的企业以牺牲生产力较低的企业及新进入者取代现有的生产力较低的企业来获取市场份额；③创

---

①　IPPOLITO P . Resale price maintenance：empirical evidence from litigation［J］. Journal of law and economics，1991（24）：263 – 294.

②　GILLIGAN. The competitive effects of resale price maintenance［J］. Rand journal of economics，1986（17）：544 – 556.

③　HERSCH P L. The effects of RPM on shareholder wealth：the consequences of Schwegmann［J］. Journal of industrial economics，1994（42）：205 – 216.

新：竞争可能会增加产品和流程创新的动力。通过更新更好的生产方法获得动态的效率提升。通过开发新产品或零售形式可以创造社会价值。实证研究提供了大量证据证明公司效应和市场效应。相比之下，竞争与创新之间的关系取决于竞争的定义、竞争模型以及创新前后租金的差异。因此，没有普遍可接受的规则来使市场创新最大化。市场将倾向于发展自己的竞争/创新模式①。

4. 取消 NBA 对竞争和生产力的期望

取消 NBA 预计会通过增加价格竞争和促进低价新进入者如超市和网络卖家的进入来降低图书价格。1962 年末，英国最高法院不同意这一观点，它认为免费定价会使需求不确定性增加，零售商的订单会减少，出版商的成本会因为规模经济的损失而增加。然而，1997 年的听证委员会没有认同上述观点，听证委员会认为现在的图书生产技术更好，"销售或退货"政策的引入和更短的交货时间将减少对库存订单的影响。因此，预计取消 NBA 将导致竞争加剧，价格下跌，同时促使小型独立且可能效率较低的零售商退出，将市场份额转移给更具生产力和成本更低的大型零售商。价格竞争的增强能提高零售商内部的生产力，提高零售商之间的生产力。但竞争加剧对零售商创新可能产生的影响是模糊不清的。一方面，潜在的创新公司更容易进入市场；另一方面，取消 NBA 也可能会降低服务水平，降低小型独立企业的创新能力。

在非价格竞争层面，价格竞争的加剧预计会影响非价格竞争，取消转售价格维持可能会减少对社会有益或有害的服务供应。为了应对更激烈的价格竞争，一些零售商尤其是规模较小的零售商可能会提供专业服务。因此，目前还不清楚净价图书协议的取消会如何影响服务条款。取消净价图书协议的另一个影响是著作的出版。1997 年，法院认为这种影响是轻微的。图书写作的回报可能会因为零售竞争的加剧而下降，但这不一定会减少写作和出版的图书数量。

5. 英国图书行业的发展趋势

2005 年，英国出售了超过 3 亿本图书。消费者对图书的支出从 1996 年的 23 亿英镑增加到 2006 年的 32 亿英镑，这意味着占零售总支出的份额从 1% 增加到 1.3%。在 20 世纪 90 年代中期 NBA 被废除的时候，这种情况仍然相当稳定。从那以后，虽然增长速度在最近几年有所放缓，但还是出现了显著的增长。近年来，英国出版的新书数量也有所增加。在 NBA 废除后的几年里，独

---

① OFT. Productivity and competition, OFT 887 [EB/OL]. [2019-11-11]. https://pdfs. semanticscholar. org/53db/2a9698301bb1270e79635ca4da80bea2810d. pdf.

立零售商的份额大幅下降，而多家大型商店、图书俱乐部和超市的份额却在增长。互联网也成为购买书籍的一个重要的替代渠道。在2005年，图书是仅次于音乐和视频的第二大在线交易产品类别；截至2011年，在线图书零售继续扩张，并达到20%的市场份额。这些新型零售商对传统实体零售商的影响极大。

B&M零售商这个词指代传统的商业街图书零售商，包括连锁书店和独立书店，因此不包括超市、互联网、图书俱乐部和其他形式的零售商。主要的B&M零售商中有两种截然不同的商业模式①。

---

① Office of Fair Trading. An evaluation of the impact upon productivity of ending resale price maintenance on books [EB/OL]. [2019 - 04 - 20]. http：//publications. aston. ac. uk/18472/1/Evaluation_ of_ the_ impact_ upon_ productivity_ of_ ending_ resale_ price_ maintenance_ on_ books. pdf.

第五章　垄断/滥用市场支配地位执法决定的事后评估

第一节　垄断/滥用市场支配地位执法概述

在竞争激烈的市场中，进入和退出的障碍几乎没有。有利可图的市场将吸引新公司，从而在公司数量、各自的市场份额、市场集中度和营利能力方面影响行业结构。市场越具有竞争性，对行业、消费者和最终经济的好处就越大。竞争可以带来更高的效率、生产力和创新能力，因为企业必须为生存而努力。效率低下的公司被迫退出市场，因此稀缺资源被重新分配给更高效的用途。这个过程为消费者带来了更多的好处，包括更低的价格、更高的质量和更广泛的选择。

市场集中度是市场竞争程度的重要指标。在一个高度集中的市场，准予进入的门槛有限或没有障碍。在这种情况下，现有公司的行为方式与竞争市场相同，因为他们面临潜在进入的竞争。例如，如果这些公司将价格提高到成本以上，新公司将进入市场，进而影响其销售和利润。在高度集中的市场中具有市场支配地位的公司可以通过其反竞争行为创造人为障碍以保护其市场份额，这将限制进入和扩张。在这种情况下，市场仍然高度集中于具有市场力量的公司，这对消费者没有好处，因为它限制了竞争的范围及随之而来的利益。

所谓垄断或企图垄断，又称滥用市场支配地位（Abuse of Market Dominance），是企业获得一定的市场支配地位后滥用这种地位，对市场的其他主体进行不公平交易或排斥竞争对手的行为。企业的滥用支配行为可大致分为剥削性滥用行为（Exploitative Abuses）和反竞争滥用行为（Anti-competitive Abuses）或称为排他性滥用行为（Exclusionary Abuses）两类。[①] 剥削性滥用行为

---

① 孔祥俊. 反垄断法原理［M］.北京：中国法制出版社，2001.

是指占市场支配地位的企业因为不受市场竞争的约束，而对其他竞争对手提出不合理的交易条件，特别是不合理的价格等。① 一般包括不公平定价与歧视定价。排他性滥用行为是指支配企业为排斥竞争，实施歧视定价、掠夺定价、折扣、排他交易、拒绝交易、搭售与捆绑等。② 两类行为在个案中经常同时出现，剥削性滥用行为为目的，排他性滥用行为为手段。

在成文法层面，欧盟《欧盟运行条约》（TFEU）第102条规定："一个或多个在共同市场内占有优势地位的企业滥用这种地位的任何行为，可能影响成员国之间的贸易，因与共同市场不相容而被禁止；特别是禁止包含下列内容的滥用行为：①直接或间接地实行不公平的购买或销售价格，或其他不公平的交易条件的；②限制生产、市场或技术发展，损害消费者利益的；③在相同的交易情形下，对交易对方当事人实行不同的交易条件，因而置其于不利的竞争地位的；④要求对方当事人接受与合同主体在本质上或商业惯例上无关联的附加义务，作为签订合同的前提条件的。"欧盟法院及其成员国法院一再强调这项"特殊责任"，1983年Mechelin一案认为，市场支配地位是指"一个企业所享有的经济能力地位，这种能力地位能够使该企业不需要其竞争者、顾客和最终消费者的影响，而采取显著的独立行动，来妨碍相关市场内有效竞争的维持"，法院强调具有支配地位的市场主体"有一项特殊的责任，即不得允许其自身行为损害共同市场上纯粹而未扭曲的竞争"③。

美国反垄断法中滥用市场支配地位的对应名词是垄断和企图垄断，其规制主要依据《谢尔曼法》第二条。该条规定："任何人垄断或企图垄断，或与他人联合、共谋垄断州际或国际的商业和贸易，是严重犯罪。" 相比价格协同和并购，美国法律对垄断的处理可能是反垄断法领域中最严厉的。法院可以采取的救济措施包括迫使大型公司解散、施加高额罚款，并且相关人员可能被判入狱。例如在北方证券公司案中，由三家公司合并而成的公司被责令解散。老板詹姆斯·杰罗姆·希尔被迫独立管理自己在两家公司的股权④。通过一系列判例，法院对第二条的解释是：垄断本身并不违法，只有在垄断情形下实施被禁止的行为才能构成违法。禁止行为的类别并不是封闭的，在理论上是有争议的。美国联邦最高法院在1956年的杜邦公司案中，将垄断力定义为"企业控

---

① 时建中. 反垄断法——法典释评与学理探源［M］.北京：中国人民大学出版社，2005.

② 苏华. 不公平定价反垄断规制的核心问题——以高通案为视角［J］.中国价格监管与反垄断，2014（8）：43.

③ 第322/81号米其林公司诉欧共体委员会（米其林I）案［Case 322/81 Michelin v. Commission（Michelin I）］.

④ Northern Securities Co. v. United States，193 U. S. 197（1904）.

制价格的力量或者排除竞争的力量"。该定义将构成市场支配地位的两个条件作为选择性条件：一是企业在市场中的地位，即能够控制商品价格、数量或者其他交易条件；二是对竞争的影响，即能够阻碍、影响其他经营者进入相关市场。市场支配地位的定义至少应包含以下几方面的因素：①主体上，它可以由一个企业单独拥有，也可以由少数几个企业共同拥有。②本质上，市场支配地位是一种特殊的市场地位，是支配企业的独立于竞争之外的一种市场地位。③表现形式上，它常外化为控制商品价格、数量，阻碍、影响其他经营者的经营等。① 至于被禁止行为的类别则是开放的，主要包括排他性交易、价格歧视、拒绝供货、产品捆绑和掠夺性定价等。

《中华人民共和国反垄断法》第十七条规定："禁止具有市场支配地位的经营者从事下列滥用市场支配地位的行为：（一）以不公平的高价销售商品或者以不公平的低价购买商品；（二）没有正当理由，以低于成本的价格销售商品；（三）没有正当理由，拒绝与交易相对人进行交易；（四）没有正当理由，限定交易相对人只能与其进行交易或者只能与其指定的经营者进行交易；（五）没有正当理由搭售商品，或者在交易时附加其他不合理的交易条件；（六）没有正当理由，对条件相同的交易相对人在交易价格等交易条件上实行差别待遇；（七）国务院反垄断执法机构认定的其他滥用市场支配地位的行为。本法所称市场支配地位，是指经营者在相关市场内具有能够控制商品价格、数量或者其他交易条件，或者能够阻碍、影响其他经营者进入相关市场能力的市场地位。"中国的法律借鉴了欧盟的规定。本条是对市场支配地位概念及滥用市场支配地位具体情形的规定。本条用列举的方式，明文规定了七种滥用市场支配地位的行为，同时用概括的方式，涵盖了其他属于滥用市场支配地位的行为。本条有两个关键词"市场支配地位"和"滥用"，其大致适用逻辑与美国和欧盟的立法模式是一致的。

与针对并购的事后评估不同，针对滥用市场支配地位或垄断的执法本身不是基于对竞争效果的预测，而是对具体行为的限制，因此评估滥用市场支配地位的执法效果相对来说更为困难。一项排他性交易可能带来复杂的市场效应，如压低价格排除竞争对手在短期看来可能会有利于消费者，因此抽取竞争执法的净收益非常困难。尽管存在困难，近年来，仍然有若干执法机构对相应执法的事后效果进行了分析和跟踪。

---

① United States v. Du Pont Co., 351 U. S. 377 (1956).

第二节 对食品行业滥用市场支配地位执法决定的评估

2010 年，毛里求斯竞争委员会（Competition Commission of Mauritius，CCM）调查发现：IBL 消费品公司（以下简称"IBL"）是卡夫块状加工切达奶酪在毛里求斯批发的唯一经销商。IBL 在毛里求斯独立之前就开始销售卡夫奶酪，并在很长一段时间内为卡夫建立了强大的品牌忠诚度，使其在市场份额和消费者偏好方面遥遥领先。IBL 在加工奶酪市场处于垄断状态，其在 250 克卡夫块状加工切达奶酪相关市场的市场份额超过 90%，远远超过竞争法规定的 30% 的门槛，构成垄断状态；该公司在 2009 年 6 月推出了特定销售协议"顶级商店计划"（Top Store Programme，TSP），这种协议根据销售百分比增加量或最低购买量为销售 250 克卡夫块状加工切达奶酪的超市提供 2%~4% 的折扣，以换取卡夫品牌奶酪、饼干、巧克力和粉状果汁的货架空间要求。部分协议还包括不出售卡夫竞争对手类似产品的条款。

CCM 认为块状加工切达奶酪是一种加工奶酪，由切达干酪制成，质地较为坚硬。在毛里求斯，这种奶酪的年消费总量为 500 万至 700 万单位，总的消费者支出达到 3.5 亿至 4.5 亿卢比。CCM 将相关市场确定为 250 克块状加工切达奶酪市场。冷冻奶酪和较软的加工奶酪在口味、柔软度、包装、价格和保质期方面与块状加工奶酪有较大区别，因此不属于同一市场。在毛里求斯，块状加工切达奶酪的消费可以追溯到殖民时代，因为没有冷藏作为储存手段。以 250 克为单位的块状包装代表了毛里求斯方便且廉价的奶酪供应来源。

IBL 在 1968 年之前一直分销卡夫块状加工切达奶酪，该产品从澳大利亚进口。毛里求斯卡夫奶酪的悠久历史导致了该产品的强烈品牌忠诚度。其主要竞争对手是切斯代尔和 Bega，前者市场占有率很低，后者凭借其积极的广告活动和促销价格已经能够占据重要的市场份额。另外一个小品牌墨尔本也占据了较小的市场份额。在毛里求斯，传统和现代的分销渠道同样重要。传统的零售业包括大量的小商店和便利店。现代连锁店则由超市和大型超市组成。近年来，便捷消费品销售正在快速增加，如果和社区超市一同计算，共占据 80% 的市场份额。

IBL 提供的这种折扣方案可能通过阻止任何潜在新进入者进入市场来防止奶酪市场的竞争；利用 IBL 在块状加工切达奶酪市场的主导地位，通过优质定位和其他产品的最小货架空间要求，消除潜在或实际竞争对手的销售空间，不公平地利用 IBL 在 250 克卡夫块状加工切达奶酪市场的支配地位推广其他卡夫产品。2010 年 9 月 9 日，毛里求斯竞争委员会认定 IBL 消费品公司违反 2007 年《竞争法》第 46 条，要求 IBL 消费品公司停止通过对卡夫奶酪提供追溯折扣换取其品牌产品优质货架空间的做法①。

在执法决定中，CCM 强调了零售店货架空间的重要性。经销商不断与零售商协商具有优势和能够吸引消费者关注的货架空间。虽然这是这一业务领域的一种常见做法，但通过反竞争折扣计划激励零售商存储更多特定品牌产品可能会阻止竞争对手和新进入者。因此，CCM 要求 IBL 停止通过追溯折扣计划购买货架空间的做法，IBL 遵从了 CCM 的指示。

2011 年，CCM 评估了其针对 IBL 滥用垄断地位的执法对 250 克块状加工切达奶酪市场的影响。CCM 认为对滥用垄断势力的直接影响可能会消除 IBL 提供的排他性折扣，从而促进现有公司在市场上的新进入和扩张。竞争程度的提高可能会增加竞争品牌市场渗透率，并最终导致价格降低以及更多的消费选择。为验证这一假设，评估小组考察了自 CCM 2010 年 9 月决定以来卡夫块状加工切达奶酪以及竞争品牌的平均价格的演变、块状加工切达奶酪市场结构的变化、市场进入和退出的情况，以及消费者剩余的变化。

用于本次评估的数据主要来自行业参与者、市场情报，以及诸如海关总署和中央统计局出版物的补充。数据包含两个时间段，第一个时间段是 CCM 干预之前的 2007 年 9 月至 2010 年 8 月；第二个时间段是 CCM 干预后的 2011 年 5 月至 8 月。评估对照的反事实是没有 CCM 干预之下的市场情况。如果 CCM 没有干预市场，则 IBL 将继续提供卡夫块状加工切达奶酪的追溯折扣，这些追溯折扣将继续产生排他性和封锁效果，迫使零售商销售更多的卡夫品牌和更少的其他品牌，这也意味着其他品牌无法扩大市场，新进入者也难以进入市场。评估小组因此简单地推认如无 CCM 干预，相关市场将出现如下情况：①市场上只有两个品牌的块状加工切达奶酪，即卡夫和切斯代尔。即使其他品牌进入，IBL 追溯折扣计划也会阻碍新品牌扩张。②卡夫的市场份额仍将达到其在 CCM 干预前的 90% 或更高。③卡夫和切斯代尔的价格与他们在 2007 年 9 月至 2010 年 8 月干预前的价格趋势相同，即每年增加约 16.5%。

从市场结构看，在 CCM 介入之前，卡夫的市场份额非常高，约为 90%，而另一个竞争品牌切斯代尔在这个市场所占的份额约为 10%。IBL 向零售商提

---

① CCM. Evaluation of CCM case：IBL consumer goods sales contracts with retail stores，CCM report [EB/OL]．[2019 - 04 - 20]．http：//www. ccm. mu/English/Documents/Investigations/INV001 - Final% 20Report. pdf.

供的追溯折扣计划可能已经为这个市场的进入创造了一个很大的障碍，因为零售商为达到卡夫的折扣要求没有采购和销售竞争品牌的动力。在 CCM 介入之后，Bega 和墨尔本这两个新品牌进入市场。Bega 和墨尔本从澳大利亚进口，分别由 Panagora Marketing 和 Variety Foods Ltd. 批发分销。这两个品牌均由同一上游海外制造商 Bega Cheese 供应。随着 Bega 和墨尔本的进入，块状加工切达奶酪市场上的品牌和供应商数量已增加到四个，而 2010 年只有两个，显然消费者有了更多的选择。

就销量而言，上述两位新进入者在短时间内取得了显著的成功，因为在 CCM 干预前，卡夫和切斯代尔的销量已经呈下降趋势。尽管消费者购买卡夫奶酪的数量一直在减少，平均每年购买卡夫的支出却增加了约 5%。在 CCM 的干预下，卡夫和切斯代尔的销量继续下滑，但与此同时，Bega 和墨尔本通过在现有市场参与者卡夫和切斯代尔的可竞争市场中占据部分需求来增加销量。因此，与 2007 年 9 月至 2010 年 8 月相比，2011 年 5 月至 8 月市场的整体销量增长了 10% ~15%。

市场份额的分配也有显著变化。Bega 和墨尔本的市场份额显著上升，同时卡夫和切斯代尔的市场份额下降。相关市场的集中度也有显著改善。在 CCM 干预之前块状加工切达奶酪市场赫式指数（HHI）约为 8 200，非常接近 10 000，因此显示出高度集中的市场。在 CCM 干预后，HHI 估计在 4 000 ~5 000 之间，集中度指数下降 40% ~50%，显示出占主导地位的 IBL 其市场力量的降低。

价格演变分析可以很好地评估市场竞争的条件。具有初始高价格的竞争市场可能会吸引新进入者，最终将对价格水平施加下行压力，这符合消费者的利益，也会鼓励企业采用更具成本效益的生产技术并带来更多创新。评估小组从毛里求斯的 11 家折扣店获取了卡夫和切斯代尔的销售价格，使用市场份额为权重计算了不同品牌的月加权价格（AWP）。另外评估小组还收集计算了 CCM 介入后块状加工切达奶酪的平均最低价格（ALP）。数据分析发现，在 CCM 干预前即 2007 年 9 月至 2010 年 8 月，每单位 250 克块状加工切达奶酪的平均加权价格一直在上升，从 47.50 卢比增加到 73.40 卢比，即增加了 25.90 卢比。然而在 CCM 干预后即从 2011 年 5 月到 8 月，相应奶酪的 AWP 从 71.30 卢比下降到 67.30 卢比。数据还显示在干预之后平均加权价格的涨幅显著放缓。在 CCM 介入后，平均加权价格的涨幅为 4%，低于介入前的 6%。平均最低价格则在 CCM 介入后显著降低。为了解块状加工切达奶酪进口成本可能存在的变化，评估小组以澳大利亚作为参考国，分析了进口奶酪在生产、保险和进口、汇率和通货膨胀率方面的成本变化，发现总体成本没有显著变化，因此可以认为块状加工切达奶酪产品价格的下降是竞争加剧带来的。

评估小组还估算了 CCM 在本案例执法中增加的消费者剩余。为了根据消费者剩余的增加来衡量消费者支出产生的货币收益，评估小组从一个简单的模型开始，给出最保守的估计。然后，评估小组提出了一个基于反事实的模型，使用需求价格弹性（PED）的概念来估计在没有 CCM 干预的情况下，本来会有怎样的需求和价格。对价格的分析显示自 2007 年 9 月至 2010 年 8 月，块状加工切达奶酪价格每年上涨 16.5%，按照这一趋势，2011 年 8 月的 AWP 应该为 79.50 卢比左右，同时依照需求量变动的百分比除以价格变动的百分比，可知需求价格弹性为 0.57。但事实上 2011 年 5 月后该产品的平均加权价格为 62.40 卢比。在 CCM 干预后，即 2011 年 5 月至 8 月的 4 个月实际总销量为 200 万至 300 万单位。如果 CCM 没有干预这个市场，根据估计的 PED 为 0.57，总销量可能为 150 万至 250 万单位。因此，评估小组估计这 4 个月的消费者剩余增加约为 3 900 万卢比，一年约为 1.17 亿卢比。

评估发现，CCM 2010 年的决定对毛里求斯块状加工切达奶酪市场产生了重大影响，消除了新进入市场的壁垒，降低了消费者支付的价格，并增加了消费者剩余。

第三节　对药品行业滥用市场支配地位执法决定的评估

与毛里求斯竞争委员会对个案所作的简单事后评估相比，英国竞争与市场管理局（The Competition and Markets Authority，CMA）在事后评估方面的实践更为深入和系统。该机构每年都会挑选两个案件进行事后评估。这项定期评估被纳入商业、创新与技能部（The Department for Business ，Innovation and Skills，BIS）的绩效框架协议。2014—2015 年，CMA 选择评估的一个案件是公平贸易局（OFT）关于利洁时（RB）通过处方供应海藻酸盐和抗酸剂（AA）药物的滥用市场支配地位行为的决定。

一、评估背景

嘉胃斯康（Gaviscon）产品是以海藻酸盐为基础的化合物。海藻酸盐和抗酸剂都用于治疗消化不良、酸反流和胃食管反流等疾病。1997 年，英国利洁时集团（以下简称"利洁时"）生产的嘉胃斯康药水（GL）的专利过期，同时该公司推出了新产品嘉胃斯康强化版（GA）。嘉胃斯康的专利到期后不久，Pinewood Healthcare 推出了一种名为 Acidex 的仿制药①，以品牌 Peptac 销售，Teva Pharmaceuticals 分销。2006 年 8 月，仿制药通用名称海藻酸盐口服液（ARFOS）发布。GL、Peptac 和 Acidex 在英国国家处方药集（BNF）中以 ARFOS 的名称列出，而 GA 和另一种药物 Gastrocote 在"其他化合物海藻酸盐制剂"下列出。

1997 年至 2005 年，GL 和 GA 均可通过处方和药店柜台（OTC）购买。但是 2005 年 6 月，在嘉胃斯康仿制药通用名称发布之前，利洁时不再通过处方形式供应 GL。在采取该措施之前，GL 是通过处方渠道销量最多的 Gaviscon 药品，但在该措施之后，GA 成为销量最多的 Gaviscon 药品，GL 的销量降低到可以忽略不计的程度。利洁时取消 GL 处方的做法是为了避免来自仿制药的激烈竞争，因为一旦仿制药名称公布后，医生将更容易使用通用名称而不是品牌名称来开处方。

OFT 在其执法决定中首先梳理了相关市场的竞争关系。大部分海藻酸盐和抗酸剂产品都可以通过医生开具的英国国家健康署备案的处方在社区药房 OTC 买到。作为处方药的海藻酸盐和抗酸剂药物由全科医生和社区药房（初级保健）或医院和医院药房（二级保健）提供。该市场主要由液体产品组成，2003 年至 2012 年，液体形态的药物价值占市场的 74% 以上。市场内产品的另一主要形式是板式药片。

在需求方面做出关键决定的是全科医生和药剂师在开具处方和配药时的选择。全科医生可以作出选择"特定"或"通用"处方的决定，其中特定的处方对应特定品牌的药物，因此只有特定的药物可以针对它们进行分配；而通用处方只显示通用药物名称，通常是药物活性成分的名称，因此可以分配符合处方的任何具有等效的治疗药物。在供应方面，制药商的竞争影响医生和药剂师的处方和配药决定。处方软件的功能设定可能会对医生开具处方产生很大影响，特别是在设定通用等价物或仿制药方面。而综合医疗服务合同对全科医生处方决定的影响最大。另外影响医生和药剂师处方决定的主要因素包括国家和地方的行政指导、制药公司的营销活动、医生自己的判断力和同伴的影响力、

---

① 仿制药是相对于在专利保护期内的原研药的一类药品，其具体特征是：已失去化合物专利的保护，其他药品生产商都可注册生产，需要证明和原研药在临床上等效，并且不能使用原研药的品牌名。一个开放的基于通用名称的处方是全科医生按照仿制药名称开药，而药房可以自由选择分配仿制药名称所描述的任何产品。

患者偏好。

常用的处方软件能够识别通用产品。确定了合适的品牌产品后，医生可以使用软件功能来识别适用的通用名称，并为患者提供开放的选择，其中列出了适用的通用名称，药剂师随后可以选择分配任何适用的产品。如果通用名称不存在，则处方软件将无法识别通用名称，但可以通过脚本进行添加。全科医生使用的一些处方软件允许初级保健组织或依据个人经验来调整备选的仿制药以反映当地指导。上述软件功能，加上撤销 GL 处方、大规模转用 GA 以及通用名称 ARFOS 未覆盖 GA 的事实，对海藻酸盐和抗酸剂药物的处方有显著影响。

国家机构如英国国立健康与临床优化研究所（NICE）、苏格兰药物联盟（SMC）、苏格兰校际指南网络（SIGN）和威尔士药物战略小组（AWMSG）提供有效的临床护理和成本指南，包括使用药物和处方。此外，英国国家健康署还提供一系列药品管理服务以支持具有成本效益的处方，包括为某些药物类别生产处方比较药物。然而，虽然有大量的指引和其他措施提醒全科医生注意成本效益，但查阅相关文件，以及与包括英国国家卫生署在内的不同利益相关者进行讨论，都显示其中只有很少一部分指引、措施直接适用于海藻酸盐和抗酸剂药物。例如，最新的 NICE 治疗消化不良和 GORD37 指南几乎没有提及此类药物。此外，英国国家卫生署表示由于工作资源有限，国家医疗服务处处长对比药物的工作并未涵盖这类药物。在英国的四个地区，包括药品在内的一线医疗服务的提供都以威尔士、苏格兰和北爱尔兰的健康委员会为核心，该委员会授权处理 80% 的国家健康署（NHS）资金，并单独管理大部分医疗服务。案头研究和针对相关制药商的访谈结果显示，在国家层面，关于当地处方激励计划或联合处方的信息很少被汇总。然而，地方举措的覆盖范围和形式以及它们在多大程度上影响全科医生的处方行为有一些重大的区域差异。几个利益相关者重申的一个信息是，海藻酸盐和抗酸剂药物的处方可能不是当地政策倡议的重点，因为它们占医疗总支出的比例很小。

制药公司积极寻求可以说服全科医生选择其产品的理由。在评估过程中，只能从少数直接参与初级保健的专业人士那里了解到制药公司的活动对涉案药物处方的影响。一个观察结果是，品牌声誉往往与成熟市场中处方选择的相关性较低，医生在开具海藻酸盐和抗酸剂药物处方时几乎不考虑品牌因素。

当原创药物失去专利时，全科医生开具开放性处方对市场竞争大有好处，因为这将鼓励通用的替代品进入市场以获得市场份额，降低药品价格。这项政策的动机还有出于安全和成本方面的考虑。有时候一种药物有许多品牌名称，如果所有医生在讨论和开处方药时都使用相同的名称，就能避免错误。英国的通用处方率非常高。欧共体制药部门调查发现，2000—2007 年，仿制药在英国的市场份额约为 60%，仅在德国和波兰之后。最近，英国卫生和社会保障信息中心（HSCIC）公布的数据显示，2011 年在英国，83% 的初级保健药物是通用处方，84% 的胃肠系统药物包括海藻酸盐和抗酸剂药物是通用处方。

与其他药物不同，海藻酸盐药物往往是由品牌名称而非成分限定的，这主要是因为这些药物是含有几种活性成分的复合药物，因此通过品牌名称开出药物更容易、更准确。OFT 认为在这个市场上分配一个通用名称尤为重要，因为这将有助于提高通用处方的使用率，并允许全科医生通过处方软件找到通用的替代品。与其他大多数药物相比，患者偏好在海藻酸盐药物选择方面发挥更大的作用。这是因为一般而言患者对液体产品的味道和质地具有合理的强烈偏好。

医生和药剂师转向 GA 特定处方而非通用处方的主要原因是药品的分销模式。初级保健提供的药物由全科医生开具处方并通过社区药房分发。在社区部门，制药公司通过有限的药品批发商分发供应品，然后再将产品销售给社区药房。在批量购买药物时，批发商可以从制药公司获得折扣。另外一些制造商直接向药店供应药品，有些药品从其他国家进口。药剂师的配药决策受到众多专业标准的限制，以及法规的指导，但主要基于对病人福祉的考虑，同时也要考虑配药的成本。

虽然没有政策管制，且 GA、GL 和 Peptac 在治疗上基本等效，但数据显示仅有 11% 的海藻酸盐复合药物是通过通用处方而配发。造成这一结果主要可归因于利洁时撤销 GL 处方，医生和药剂师们在撤销发生后更多地转向 GA 处方，而不是 ARFOS 通用处方。

2008 年 3 月 7 日，公平贸易局启动针对利洁时滥用市场支配地位的调查，并于 2011 年 4 月 12 日发布执法决定，认定利洁时在英国海藻酸盐和抗酸剂药物处方市场具有支配地位，且该公司取消 GL 处方的行为构成滥用该市场支配地位。具体而言，利洁时在 2004—2008 年通过保留至少 80% 的市场份额保持在相关市场的主导地位。而利洁时取消 GL 处方的目的是阻碍仿制药竞争，并维持其在海藻酸盐和抗酸剂药物处方市场的超高市场份额。公平贸易局最终对利洁时处以 1 020 万英镑的罚款，并要求利洁时恢复 GL 处方。

二、评估方法

由于利洁时承认了滥用行为，因此执法决定的有效性无须证明，竞争执法机构主要希望通过评估了解罚款是否恰当，以及如果 CMA 更早介入，是否会有更好的效果。竞争与市场管理局认为竞争执法的目标是促进对消费者有利的竞争，评估工作也侧重于对消费者的影响，同时考虑到其他方面的利益，而不是广泛的经济利益。对于像这样的公共医疗市场，消费者要么不支付费用，要么只支付总费用的一小部分。评估关注公平贸易局的决定在降低成本方面对纳税人的直接影响，以及纳税人在没有利洁时垄断行为的情况下可能实现的任何节省。前者与改善市场运作的目标相关，为消费者带来好处，而后者则表明反竞争行为的潜在影响，以及严格执法的重要性和对类似行为的威慑效应的理解。评估小组通过考察价格、市场份额、供应商和产品数量以及总体成本等各种指标的变化，估算此次决定对海藻酸盐和抗酸剂药物市场的直接影响和对英国国家健康署总体成本的影响。

本次评估采用了多种方法，包括数据分析、调研和案头分析。主要数据是英国卫生和社会关怀信息中心（HSCIS）整理的处方成本分析（PCA）数据，该数据主要提供了药物净成本（NIC）的信息。药物净成本指的是药品税率乘以药物数量所得的基本价格，不包括任何分配成本或费用。这与英国国家健康署向药剂师支付的用于提供海藻酸盐和抗酸剂药物的金额近似。英国国家健康署发布的处方数量从 2002 年的 800 多万件下降到 2008 年的近 600 万件，并且自那时起一直保持在这个水平。在药物净成本方面，这些处方的价值一直在增长，从 2002 年的 2 900 万英镑稳步增长至 2012 年的 3 300 万英镑，然后在 2013 年增长至 3 900 万英镑。

在具体评估对市场价格和竞争的影响时，评估小组首先利用处方成本分析数据，考察了 2008 年公平贸易局调查公布后全科医生的处方行为是否发生改变以及如何改变。评估小组还通过采访相关利益群体和基于案头研究，探讨了调查结果中全科医生处方行为变化的原因。其次，评估小组通过分析处方成本数据，考察了自公平贸易局干预以来，海藻酸盐和抗酸剂药物价格的变化。再次，评估小组通过处方成本分析数据和案头研究的信息，考察了海藻酸盐和抗酸剂药物市场的总体变化，以及市场进入的难易程度。最后，评估小组估算了 NHS 采购海藻酸盐和抗酸剂药物的总成本变化。

在测算 NHS 可能节省的支出时，评估小组参照了 NHS 针对利洁时垄断提出的索赔诉讼中列明的估算损失。同时，评估小组还通过分析两个反事实案件，即同样存在药品专利过期但没有撤销处方的情形，以及参考讨论专利到期后仿制药市场变化的文献，考察了反事实情况下的市场变化。通过将反事实情况下的市场变化与海藻酸盐和抗酸剂药物市场的情形进行比较，评估小组得以衡量竞争执法机构介入的效果。

三、评估结果

虽然公平贸易局的决定对相关市场的定义为海藻酸盐和抗酸剂药物的市场，但评估市场变化的分析集中在液态海藻酸盐和抗酸剂药物产品上，因为这类产品是海藻酸盐和抗酸剂药物处方市场中份额最大且可替代性最高的产品。在这个直接可替代的产品范围内，最有可能观察到公平贸易局决策对市场的直接影响。专注于有限的液体产品还可以更简单地呈现分析结果，特别是在比较不同数量的价格时。

在进行分析之前，评估小组的预期是公平贸易局的决定少有或根本没有直接的市场影响。实际在执法决定中，公平贸易局也表示执法不会产生重大影响。这一观点得到了包括英国国家卫生署在内的各种利益相关方的意见支持，他们认为，医生和患者的惰性导致大规模地从 GA 切换回 GL 及其仿制药的可能性不大。

从 2002 年到 2013 年的时间序列数据中有许多不同的时期，评估小组预计在这些时期可能会存在不同的市场状况，从而导致不同的市场结果，并按照关键节点划分为四个时间段：2002 年至 2004 年 GL 退出前；2005 年 GL 退出当年；2006 年至 2008 年公平贸易局调查之前；公平贸易局调查之后。

（一）市场结构和份额变化

在 2005 年嘉胃斯康药水即 GL 退出之前，市场相对稳定，但有证据表明总体处方数量略有下降，并且 GA 处方数量存在一些较小的变化。医生开具的相关药品总数从 2002 年的 670 万件下降到 2004 年的 630 万件。减少主要分布在嘉胃斯康、Peptac 和其他品牌上。在 2005 年 GL 退出时，海藻酸盐和抗酸剂药物的分配量发生了重大变化。GA 分配量从 2004 年的 130 万件显著增加到 2006 年的 310 万件，而相应的总剂量则从 2004 年的 380 万件下降到 2006 年的 40 万件。同时，Peptac 的销售量从 50 万件增加到 120 万件，这表明撤销导致 GL 处方将一些市场份额转到最接近嘉胃斯康的替代品上。

开具药品的总量有明显的下降。分配的药品总量从 2004 年的 630 万件下降到 2006 年的 530 万件。这种下降在某种程度上可能是由于 GA 的推荐剂量是 GL 的一半。由于患者往往倾向于消费浓度更高的药物，因此更愿意选择 GL 而非 GA。由于在退出前两年药品数量也出现显著下降，所以开药的数量下降不能完全归因于 GA 处方取代了 GL 处方。利益相关者指出海藻酸盐和抗酸剂药物市场是一个成熟的药物市场，除 GL 退出外，他们认为近年来发生的一些事情可能会导致使用海藻酸盐和抗酸剂产品的潜在驱动因素发生变化。

自 2006 年以来，市场在药物开具总数量和三个主要品牌中的分配数量方面都保持相对稳定。2006 年配送的药物总数为 530 万件，一直到公平贸易局调查前的 2008 年，才略有下降至 500 万件。在 2011 年公平贸易局加工发布其决定时市场仍开具了 490 万件药品，2013 年该数量为 490 万件。

没有信息显示公平贸易局的调查或决定对主要海藻酸盐和抗酸剂药物市场产生任何影响。处方市场中海藻酸盐和抗酸剂的总体规模、主要产品的分配数量以及这些产品的相对市场份额从 GL 退出后的 2006 年到 2013 年都非常稳定。不管是在公平贸易局调查开始或其决定公布的时候，相关药物的配送数量在 GL 退出后变化很小或根本没有可察觉的变化。

对处方数据进行更精细的分析发现，英国不同地区的相对市场份额存在很大差异。特别是在苏格兰、威尔士，尤其是北爱尔兰，Peptac 的市场份额显著高于 Gaviscon 品牌的市场份额。调查显示可能影响当地处方率的两个因素——当地对处方的建议和不同地区制药公司的营销活动强度。

（二）价格和成本变化

OFT 调查或公布决定时，GA 的价格几乎没有明显的变化。然而，2012 年至 2013 年，GA 的价格急剧上涨。这是 GA 产品分成两个独立品牌的结果，分别是 2013 年的 GA Reckitt 和 GA Forum，前者的价格明显高于后者。这两种产品在 2013 年的加权平均价格高于 2012 年 GA 的平均价格。

GL 的价格从 2005 年退出市场后的每件 3.3 英镑增加到 2006 年的每件 4.4 英镑。评估小组认为，价格上涨是因为药剂师只能提供此产品的非处方包装，因为处方包装不再可用。非处方产品通常比通过处方渠道提供的产品贵，因此 GL 的价格上涨。2005 年以后，GL 的非处方包装价格持续稳步上升。

2002 年至 2004 年，Peptac 的平均价格仅为每件 2.5 英镑，之后在 2006 年降至每件 2.16 英镑，并且自那时以来一直保持在这个价格水平。2013 年，Peptac 的价格为每件 2.12 英镑。无论是在 OFT 开始调查还是公布决定时，Peptac 的价格都没有显著变化。2006 年之后，其他品牌的平均价格大幅上涨，背后的主要原因是碳酸氢钠液体抗酸剂产品（即药物的关键成分）的成本价格上涨。尽管整体药物净成本在 2009 年之后开始增加，但海藻酸盐和抗酸剂液态产品的药物净成本和主要的液态海藻酸盐和抗酸剂药物净成本总体保持相当稳定。具体而言，这一成本从 2009 年的 2 310 万英镑增加到 2012 年的 2 490 万英镑，2013 年为 2 670 万英镑。

综上所述，如同在 2011 年公布 OFT 决定时所预期的那样，OFT 调查在 2008 年开始或 2011 年公布调查结果后，几乎没有直接的市场影响。2008 年或 2011 年后，液态海藻酸盐和抗酸剂药物的相对市场份额、价格、总体成本水平或趋势没有明显变化。

（三）公平贸易局是否应更早地介入

如上文所言，鉴于 OFT 的决定对相关市场几乎没有影响，评估小组进一步考虑 OFT 是否能够更早地进行干预，即 OFT 的早期干预是否可以合理地预期并导致更显著的直接影响。英国的竞争执法，特别是对滥用垄断，通常以投诉为起点。换句话说，调查通常在收到第三方的投诉开始，而不是从竞争管理机构收集情报后开始。这种方法反映了通过监控整个经济和随之而来的资源需求来检测潜在的滥用行为的复杂性。因此，OFT 发现潜在的滥用行为的能力是非常有限的。相反，竞争主管部门并没有主动发现潜在的滥用行为，而是普遍试图通过结合教育和强有力的执法行动来促进企业遵守竞争法，防止滥用行为。

在这种特殊市场干预中，为了减少利洁时撤销 GL 处方的影响，OFT 必须在非常早的阶段就介入市场。如本案中的情况，撤药对处方市场的影响非常迅速。GL 处方的退出发生在 2005 年，海藻酸盐和抗酸剂药物市场中 GA 的产品份额立即出现较大波动。到 2006 年，GA 的市场份额最大，自此，市场上主要品牌的市场份额比较均衡。因此，如果要防止或减轻其影响，OFT 的任何干预都需要在 GL 处方撤回后不久进行。如果 OFT 在很早的阶段就已经意识到这种行为，那么撤回 GL 处方的影响可能会降低。例如，调查的开始可能导致利洁时终止或暂停撤销 GL 处方，或者 OFT 本可以使用自身权力来中止或暂停 GL 处方的撤销。但是，由于 OFT 能力有限，期望 OFT 在揭发者披露之前就发现利洁时滥用市场支配地位的行为似乎是不合理的。这一现象显示竞争执法机构应当更为积极主动地关注市场信息，从而加强对竞争法的执行，特别是在卡特尔执法领域。本次评估显示执法机构应当在药品专利过期的时候采取更积极主动的方法来监测药品市场。

（四）执法决定可能为国民保健服务节省的费用

为了估算可能节省的费用，首先估算如果 GL 处方还没有退出市场，市场将会如何发展，并在此基础上估算海藻酸盐和抗酸剂药物所占的 NHS 的总费用。这一估算与实际费用之间的差额就是可能节省的估计值。鉴于在 GL 没有退出的情况下对市场结果进行估算存在内在的不确定性，评估小组参照多种证据估算如果未撤销 GL 处方可能产生的费用。

首先，评估小组参照了 OFT 针对利洁时做出处罚决定后，英国外交部门及相关机构对利洁时提出的民事侵权索赔诉讼。该索赔于 2011 年 2 月提交给高等法院，原告共索赔 9 000 万英镑。虽然利洁时承认了取消 GL 处方的行为违反了禁止滥用市场支配地位的规定，也没有对 OFT 的决定提出异议，但是，作为被告利洁时否认与撤回有关的侵权行为对索赔人有任何不利影响。利洁时还认为索赔人作为国家医疗规管机构没有采取合理的措施来降低他们的损失，包括但不限于强制要求医生根据 ARFOS 的通用名称开具处方等。这项索赔于 2014 年 2 月在庭外和解，未公开和解金额。另外，在其处罚决定中，OFT 提及了利洁时关于 GL 处方退出影响的内部预测。该内部预测认为，如果不取消 GL 处方，公司将面对全面仿制药竞争，将不得不为药剂师提供折扣以便与仿制药生产商竞争，并预测 Gaviscon 品牌的净收益将下降。

其次，评估小组回顾了一系列有关药品专利过期后仿制药市场竞争变化的文献。文献提供了大量证据，证明当药物失去专利时，通常会在短时间内有一些仿制药制造商进入市场，原品牌产品的大量市场份额转让给普通进入者，最终这类药的平均价格大幅下降。但是具体的影响程度取决于很多因素。例如，Kanavos 对 12 个欧盟国家的药品价格研究显示，如果至少有一种仿制药进入市场，专利到期后 12 个月和 24 个月的原始价格分别是专利到期时价格的 99.1% 和 96.9%。如果没有仿制药进入，原创品牌价格为 12 个月后专利到期时价格的 107.8%，24 个月后为 103.4%[①]。欧盟相关部门通过 2009 年的研究发现，在 128 个药物样本中，如果至少有一种仿制药进入市场，在专利到期后的一年，该药物平均市场份额为 30%，在两年后上升到 45%。仿制药的平均价格一年后比专利到期时的价格低 25%，两年后比专利到期后的平均价格降低 40%。该研究还指出，在专利到期后的两年里，原创品牌的平均价格已经下降到专利到期时的 85%。

再次，评估小组通过考虑两个反事实的案例推演如果 GL 处方没有撤销时的市场变化。具体而言选择的案例考虑如下因素：现有的药物专利已经到期，

---

① KANAVOS P. Measuring performance in off-patent drug markets: a methodological framework and empirical evidence from twelve EU member states [J]. Health policy, 2014 (20): 98 – 106.

市场与海藻酸盐和抗酸剂处方药市场有相似性；并没有发生类似于 GL 处方退出的行为。这种市场可以通过处方药市场来创造一个反事实，提供一种对海藻酸盐和抗酸剂处方药市场可能演变的见解。一旦确定了这些市场，就可以利用关键市场参数的变化，包括普通进入者所获得的市场份额，以及不同药物的价格变化，以此作为证据，说明在处方没有退出的情况下，海藻酸盐和抗酸剂处方药市场可能发生的变化。案例研究的相关性取决于所选择的市场与海藻酸盐和抗酸剂处方药市场之间的相似性。比较市场越相似，案例研究就越有针对性。然而，由于每年都有少量的药品专利过期，而且每一种都有其自身的特点，所以在案例研究的选择上是有限的。在寻求相关案例研究时，评估小组征求了评估过程中利益相关者的意见，并且还寻求基尔大学药物优化中心和地区药物与治疗中心专家的帮助，从而选择相关性最高的例子。

最终选定的第一种药物是氟替卡松。该药物是鼻腔喷雾剂中的活性成分，主要针对鼻子的过敏性和非过敏性炎症，并且也用于滴鼻剂。这是花粉症的常见治疗药物。氟替卡松有两种形式：丙酸氟替卡松（Flixonase）和糠酸氟替卡松。前者的专利于 2006 年到期，后者仍在受专利保护。有几种相似的氟替卡松替代品，如莫米松和氟菊酯类产品。与海藻酸盐和抗酸剂类药物一样，氟替卡松也可以通过柜台和处方销售。1998 年至 2013 年，NIC 氟替卡松的市场规模介于 1 000 万英镑至 2 000 万英镑之间，略低于海藻酸盐和抗酸剂药物的市场。从 1998 年至 2006 年，市场上唯一的产品是原创产品 Flixonase，它使用丙酸氟替卡松作为活性成分。它从 1998 年起作为鼻腔喷雾剂出售，1999 年作为鼻腔滴剂出售，由葛兰素史克公司生产。在专利到期后，只有一个重要的品牌仿制药进入者——由 Teva UK 生产的 Nasofan，它在 2006 年进入市场。2008 年，非品牌的氟替卡松药物仿制药进入了市场。2009 年，在仿制药进入几年后，葛兰素史克公司推出了一种相关产品 Avamys，它使用氟替卡松糠酸酯作为一种活性成分，因此仍被专利保护。这是与海藻酸盐和抗酸剂处方药市场相同的另一个特征（即存在一种由原公司生产的极其相似但生物不同的次级产品）。利洁时引入了 GA，类似于葛兰素史克公司引进了 Avamys。两种药物都与原药有相似的治疗效果，但对活性成分有微小的改变，因此被新专利所覆盖。这一分析中排除了鼻腔滴剂。滴剂比较昂贵，并且不清楚滴剂的剂量是否与喷剂的剂量相当，因此在滴剂和喷剂之间的比较是困难的。也有证据表明它们是用来治疗不同的症状的。就市场份额而言，在 2006 年之前，Flixonase 有 100% 的喷雾剂市场份额，2009 年也有超过 90% 的市场份额，之后，非专利版本的丙酸氟替卡松开始获得市场份额，原创产品 Avamys 推出。到 2011 年，

Flixonase 的市场份额已经下降到 15%，而非品牌仿制药的市场份额为 58%，Avamys 的市场份额为 24%。2012 年之后，Avamys 获得了一些市场份额，却牺牲了普通的氟替卡松。价格方面，在 2008 年之前，除 2004 年以外，丙酸氟替卡松的平均价格为 0.09 英镑。这种情况在很大程度上不受品牌仿制药 Nasofan 进入市场的影响，但 2008 年非品牌仿制药 Fluticasone Propionate 上市后，丙酸氟替卡松的平均价格开始下降，从 2008 年的 0.09 英镑下降到 2013 年的 0.07 英镑，下降了 18.4%。到 2013 年，Flixonase 的价格降至 0.08 英镑（8.4%），与通用氟替卡松丙酸盐的价格一样。似乎对平均价格产生更大的影响是定价为每剂 0.06 英镑的原创产品 Avamys 的进入，而不是仿制药的进入。

第二个案例研究的对象是液体氟西汀的市场。氟西汀是一种抗抑郁药，由礼来公司（Eli Lilly）生产，并被称为"百忧解"（Prozac）。它主要以片剂的形式在英国销售。海藻酸盐和抗酸剂产品与氟西汀都可以以液体或片剂形式提供。然而 Gaviscon 主要以液体形式出售，氟西汀主要以片剂形式出售。药物的片剂剂型通常更便宜。然而，液体和片剂产品的市场通常是可分离的，因为液体产品倾向于针对特定类别的患者和那些在服用固体药物方面存在困难的患者。两类药物处方市场的另一个不同之处是，自从专利到期以后，氟西汀市场在产量上有了显著的增长，而海藻酸盐和抗酸剂市场在许多年里一直处于相当稳定的状态。自 2002 年以来，氟西汀的产量几乎每年都在增长，到 2013 年，其总量增长了 59%。观察到的市场增长差异可能会对降低药品价格和成本的潜力产生影响，因为快速增长的市场可能对新进入者更具吸引力，同时也增加了规模经济的潜力。此外，氟西汀的平均价格本身也导致产生更多的需求，例如，它被规定优先于其他抗抑郁药或提供给更多"边缘"患者。液态百忧解专利于 2001 年 8 月到期。2002 年第一种非品牌仿制药氟西汀液体进入市场。后来有两种品牌仿制药进入市场，包括由 Pinewood（松木）制造并于 2007 年上市的 Prozit，以及由 Chemidex Pharma Ltd. 制造并于 2008 年进入市场的 Prozep。在专利到期年份，NIC 在 2007 年的液体氟西汀市场价值为 3 000 万英镑，在 2011 年价值下降至 1 000 万英镑。氟西汀在专利到期时的市场规模与 AA 市场的处方相似。2002—2003 年，非品牌仿制药的市场份额迅速增长，占据氟西汀市场份额的 40%。非品牌的仿制药在 2013 年底前一直保持着较高的市场份额。自进入市场以来，品牌仿制药每年在市场中所占份额不到 4%。液态百忧解在仿制药进入市场之前的市场份额为 100%，2002 年下降至 60%，之后在 2%～6% 之间波动。在价格方面，在专利到期前的 2000 年至 2013 年，液体氟西汀的平均价格从每毫升 0.25 英镑左右下降了约 72%，低至 0.07 英镑。

Prozac 的平均价格从 2001 年的 0.25 英镑下降到 2002 年的 0.19 英镑，该价格与普通版氟西汀相同。2002 年至 2008 年，Prozac 的平均价格一直保持不变，直到 2009 年降至 0.16 英镑，且自那以后，一直保持该水平不变。2003 年后，普通氟西汀的价格下降，2013 年更是跌至 0.07 英镑。除去 2006 年和 2007 年，2003 年至 2013 年，普通氟西汀的价格一直在下降。

总的来说，案例研究，特别是氟西汀的案例研究显示：仿制药产品显著渗透到原创专利药品市场当中；在因发起人药物专利期满不受保护后，平均价格大幅下降。当然，在市场中丧失专利后，竞争的影响显著大于处方市场在海藻酸盐和抗酸剂药物市场中观察到的影响。

经济类相关文献和两个案例研究的证据表明，在原创药物失去专利保护的药物市场中，普通进入者获得的市场份额减少，由此导致的该类药物平均价格也有所降低。索赔诉讼则显示，利洁时撤销 GL 处方会限制竞争并导致 NHS 的价格和成本偏高，这样的假设存在一定的合理性，此后的市场发展也与此论断一致。

通过参考 2002 年至 2013 年处方市场的实际市场份额，评估小组就在未撤销 GL 处方的情况下，对 2006 年起市场如何演变做出若干假设，具体如下：①2002 年至 2013 年其他品牌的市场份额与 PCA 数据一致，因此假设 2014 年至 2016 年每一年海藻酸盐和抗酸剂市场份额与 2013 年相同。②GA 在 2005 年至 2016 年的市场份额每年以 5% 的速度增长，大约相当于 2002 年至 2004 年 GA 的销售增长率。③GA 及其他市场份额以外的剩余部分属于 GL 及其仿制药。这些假设本质上意味着在 GL 没有退出的情况下，GL 和其仿制版本仍然是市场上的主导产品，GA 会继续增加它的市场份额，这与退出机制生效前观察到的结果一致。就药品分配总量而言，评估小组假设在 2006 年至 2013 年分配的药品数量与实际分配的数量相同，再假设在 2013 年至 2016 年的发放药品数量与 2013 年相同。实际可能分配的药品的总数量可能会更高，理由为：由于 GL 以及其仿制药浓度低于 GA，消费量可能更高；或者因为仿制药带来的竞争会导致海藻酸盐和抗酸剂液体产品的价格更低，进而对这些产品的需求增加。还包括一些不确定的因素，如患者在多大程度使用不同浓度的液体海藻酸盐和抗酸剂产品等。

利用 2002 至 2013 年间的实际市场数据，评估小组对 GL 未撤销时的价格进行了估算。具体假设包括：①根据 2006 年至 2013 年的 PCA 数据以及 2013 年的市场水平，GA 和其他品牌的价格都有所下降。②假设 GL 仿制药价格与 Peptac 在 2005 年至 2013 年的价格相同，2013 年至 2016 年 GL 仿制药价格等于

2013 年 Peptac 的价格。③GL 的价格与 2002 年至 2004 年的 PCA 数据一致，2004 年之后的每年价格都比前一年高，假定的通货膨胀率为 2.5%。大部分同类药品的价格都会以 GL 撤出后的情况进行演变。本次评估假设在 GL 的处方药仍然存在的情况下，其实际价格将类似于撤销机制前的价格。这些关于价格变化的假设是相当保守的，因为可以预期，如果没有撤销 GL，除了 Peptac 之外，还会有 GA 进入。这会对 GL 和 Peptac 的价格造成下行压力。这与经济学文献和案例研究的结论是一致的，原创专利药物（在本案例中即 GL）的价格与仿制药的价格之间的差异往往显著大于估计的价格。

在 2007 年通用名称 ARFOS 的分配之后，因为全科医生可以通过其处方软件的基本功能来搜索并找到代替 GL 的通用名称，且制药公司可能也会采取一些手段，因此可以假设由 GL 和仿制药占据的液体海藻酸盐和抗酸剂处方药市场份额将受到更激烈的通用药品竞争的影响。前文文献研究给出了原创专利药物到期，至少有一种仿制药进入市场后，市场份额发生的变化。本评估直接假设 GL 仿制药会获得上述文献研究观察到的平均市场份额。这些文献仅报告了原研药专利到期后两年的仿制药市场份额水平。出于评估目的，须假设两年后仿制药渗透率保持不变。参考氟西汀和氟替卡松的情况：①假设 GL 仿制药获得的市场份额与上述药品专利到期后仿制药市场份额相同；②假设每年 GL 和同等数量的普通份额的情况，与报告的每个模型所建议的情况一致。对于每种情况，都能够生成对 GL 仿制药市场份额的估计。例如，2013 年欧共体行业研究方案的仿制药市场份额为 45%，而 2013 年按处方计算的合并 GL 和通用等值 AA 的估计合并份额为 63.7%。由此，可以估计 2013 年通过 GL 的处方药市场计算 AA 的总份额为这些乘数（即 28.7%）的乘积。

通过估算在无撤回情况下的市场份额和 GA、GL、GL 通用版本的价格以及 AA 液体药物的每年分配总量，可以预估出 2005 年至 2016 年每年 AA 药物的 NHS 成本。每个年度成本估算之间的关键差异是 GL 通用版本的市场份额。如果情况表明仿制药的市场份额更大，这将导致 AA 液体药物对 NHS 的估计成本降低，因此可能节省的估计成本会更高。上面的测算显示执法决定可能带来的节省范围是 3 120 万～5 060 万英镑。只有在氟西汀案例模拟的市场情境下节省会超过 3 300 万英镑。对该市场特征的回顾表明尽管该市场存在重大仿制药竞争的可能性，但也有一些因素可能会降低这种影响。因此，评估小组认为，可能节省的金额在估值范围的末端保守取值是合适的。总而言之，保守估计可能节省的价值在 3 100 万英镑左右。

最后，评估小组对在 GL 没有撤销情况下，GA 销售数量的增长以及分配通用名称 ARFOS 之后 GL 仿制药的价格变化这两个基本假设的敏感性进行了确认。第一，估计节省的范围对于市场份额增长的替代假设相当敏感。根据上文分析，估计的节省是基于假设 GA 的市场份额每年增长 5%，并且估计的节省范围为 3 120 万~5 060 万英镑；如果假设 GA 市场份额的增长率为 0，则该范围为 44.9 万~7 250 万英镑；假设 GA 市场份额每年增长 10%，估计可能节省的范围为 2 300 万~3 730 万英镑。第二，除了有关仿制药所取得的市场份额的证据外，经济学文献和案例研究也提供了仿制药进入市场所定价格的证据。如果依据后者来进行测算，则将导致可能节省的范围为 3 210 万~5 690 万英镑。

　　根据上述评估，OFT 的调查或决定对市场没有明显的直接影响。缺乏直接影响似乎主要是由于利洁时的退出策略成功地将患者从 GL 转移到 GA 上、患者和全科医生的惰性，以及通用处方替代方案实施的困难。全科医生从 GA 切换到 GL 或 GL 通用版本的可能性受到了严重限制。全科医生处方软件的基本功能也没有建议使用替代品。关于 OFT 决定对竞争的影响，评估显示撤回 GL 处方对仿制药市场竞争可能有一些影响。一方面，市场的某些特征显示无论有没有 GL 处方的撤销仿制药的竞争都会受到一定的限制，这是由于 GL 是液态而仿制药不一定是液态的。另一方面，海藻酸盐和抗酸剂作为复合药物的特征，也会减少全科医生开通用处方的倾向。然而，也有一些因素显示，一旦分配通用名称 ARFOS，在没有撤回 GL 处方的情况下，市场上可能存在更好的仿制药竞争，包括全科医生没有任何障碍地开具海藻酸盐和抗酸剂药物的通用处方、药剂师有强烈的动机让他们分发更便宜的仿制药，并且其他供应商有兴趣进入这个市场[①]。

---

① CMA. Evaluation of the OFT's decision in 2011 on abuse of a dominant position by Reckitt Benckiser Healthcare (UK) Limited and Reckitt Benckiser Group [EB/OL]. [2019 - 04 - 20]. https://assets. publishing. service. gov. uk/government/uploads/system/uploads/attachment _ data/file/470449/Evaluation_ of_OFT_2011_Reckitt_Benckiser_ decision. pdf.

第六章 中国反垄断执法经济效果
事后评估的机制建议

第一节 中国反垄断执法经济效果事后
评估的必要性和可行性

中国《反垄断法》自 2008 年生效以来，相关执法和司法部门已经积累了大量案例。受限于中国的经济发展水平，反垄断执法的经济效果不甚清晰。在《反垄断法》实施临近 11 周年之际，有必要考虑建构细化的反垄断执法经济效果事后评估机制，为反垄断执法提供指引和佐证。

具体而言，在中国推行反垄断执法经济效果的事后评估具有重要的理论意义和现实意义。

理论意义方面，反垄断执法经济效果事后评估是一个孕育着理论创新机遇的学术前沿问题。现代经济学，特别是产业组织理论、博弈论在最近 10 年来欧美反垄断执法机构处理的大案中得到了广泛应用，但对反垄断执法经济效果事后评估的研究总体仍然处于起步阶段。作为经济学与法学交叉学科的新兴和前沿问题，对其进行研究将丰富经济学理论，也将丰富法学理论。

从现实意义看，反垄断执法经济效果的事后评估具有多方面意义。其一，评估将保证反垄断执法机构的执法行为符合立法目的，增进市场竞争和消费者福利，避免执法目的异化为罚款和寻求部门权力和利益的扩张；其二，评估将帮助反垄断部门更为科学地做出决策，避免选择性执法、执法不足或执法过度，优化执法资源的有效配置；其三，评估也有助于即时发现法律条文和实施中的问题，为修订法律提供参照；其四，评估将提升反垄断执法的公信力，扩展国际反垄断执法合作的途径。欧美实践证明，反垄断执法经济效果的事后评估有助于检验反垄断执法的正确性，改进反垄断执法的分析思路和分析范式，提高反垄断机构执法的科学性和合理性，推动反垄断执法机构审慎执法，提高反垄断执法的公信力，因此有必要在中国探索建立反垄断执法经济效果事后评估机制。

从可行性角度看，我国反垄断执法已经积累了大量案件，有充足的可供研究的案例，许多案件距离执法决定做出至今已经有足够的时间和空间以供检讨执法效果。从机制和人员配备上看，2019 年，我国根据《国务院关于机构设置的通知》（国发〔2018〕6 号），设立市场监管总局，为国务院直属机构，负责市场综合监督管理，组织市场监管综合执法工作，承担反垄断统一执法，规范和维护市场秩序。该机构的成立结束了反垄断执法多头管理、条块分割的格局，避免了未来反垄断执法的冲突。该部门正在整合人员和资源，未来可以考虑引入更多的专业人才，为反垄断执法经济效果事后评估提供足够的助力。

第二节　已有事后评估综述

一、执法机构关于是否解除和变更经营者集中限制性条件的评估

我国执法机构在多个个案中采用调查、简单的经济学分析方法进行了事前评估，在个别案件中采用了差异比较法。例如，在河南省工商行政管理局针对固始县悦东商贸有限公司等 5 家烟花爆竹经营者涉嫌达成并实施分割销售市场的垄断协议行为所做的执法决定中写道："通过执法人员调查，发现在 5 家公司未达成实施协议前，烟花爆竹产品在批发、零售市场均存在一定的价格空间，销售企业、代理商、消费者可以通过讨价还价等方式最终达成交易。但在 5 家公司达成并实施垄断协议后，代理商、消费者只能接受 5 家公司制定的价格完成最终交易。同时通过对固始县毗邻的河南省淮滨县、商城县、潢川县及安徽省叶集试验区相关市场的调查，并与固始县 2014 年度相关市场内同类型、同规格烟花爆竹进行对比，发现在 5 家经营者达成并实施联合经营后，固始县烟花爆竹产品的零售价高于周边毗邻地区的同类型、同规格烟花爆竹产品的零售价。"[1]

但迄今为止我国执法机构并没有对执法效果进行过系统评估。唯有商务部在考察是否解除经营者集中相关限制时，对于市场情况的变化做过评估以考察是否需要解除或更改附条件通过集中的具体条件。《关于经营者集中附加限制性条件的规定（试行）》（以下简称《规定》）第五章规定了限制性条件的变更和解除[2]。经营者集中限制性条件的变更或解除是指反垄断执法机构根据集

---

[1]　国家工商行政管理总局. 竞争执法公告 2017 年 2 号：固始县烟花爆竹厂等五家经营者垄断协议案。

[2]　商务部令 2014 年第 6 号：关于经营者集中附加限制性条件的规定（试行）。

中当事人的申请或者反垄断执法机构认为有必要时，对已生效的附加限制性条件在满足法定条件的情形下，进行重新评估以确保其不在具有排除、限制竞争效果的前提下，对限制性条件所做的一个变更或解除。商务部评估变更或解除限制性条件请求时，应考虑四个因素，具体包括：①集中交易方是否发生重大变化；②相关市场竞争状况是否发生了实质性变化；③实施限制性条件是否无必要或不可能；④其他因素。目前我国商务部对作出决定且已生效的限制性条件进行变更或解除的案例如表6-1所示：

表6-1　变更和解除经营者集中条件的案例

案件	竞争分析	评估结果
中华人民共和国商务部（以下简称"商务部"）公告2018年第21号《关于解除联发科技股份有限公司（以下简称"联发科技"）吸收合并开曼晨星半导体股份有限公司（以下简称"晨星台湾"）经营者集中限制性条件的公告》（以下简称《公告》）	商务部依法评估了市场竞争状况的变化以及解除限制性条件对市场竞争状况的影响。评估认为，相关市场竞争状况已发生较大变化，解除限制性条件难以对市场竞争产生排除、限制的影响。 （一）当事方市场份额显著下降 根据《公告》，在中国液晶电视主控芯片市场，晨星台湾的市场份额为65%，联发科技的市场份额为15%，合计市场份额为80%。2013年以来，联发科技和晨星台湾市场份额持续下降。根据独立第三方数据，2017年上半年，在中国液晶电视主控芯片市场，晨星台湾市场份额为40%～45%，联发科技市场份额为5%～10%，合计低于50%，市场份额明显下降。 （二）新的竞争者进入相关市场 根据《公告》，在中国液晶电视主控芯片市场上，除联发科技和晨星台湾之外，其他市场参与者市场份额较小，新进入者不多。2013年以来，锐迪科、晶晨、海思陆续进入相关市场，联咏及瑞昱市场份额也不断上升，对当事方形成有效的竞争约束。根据独立第三方数据，2017年上半年，瑞昱、锐迪科、三星、联咏4家竞争者市场份额均为5%～10%，超过联发科技。此外，海思、晶晨也对联发科技形成一定竞争约束。	根据《反垄断法》第27条、《关于经营者集中附加限制性条件的规定（试行）》第25条、第26条、第27条、第28条，商务部决定解除《公告》附加的限制性条件。

（续上表）

案件	竞争分析	评估结果
	（三）下游电视机厂商对当事方依赖程度明显下降 根据《公告》，中国大陆六大电视机厂商均把联发科技和晨星台湾作为主要芯片供应商，对联发科技和晨星台湾存在一定依赖。2013年以来，随着市场新进入者的增加，中国电视机厂商与其他芯片供应商合作增多，近几年纷纷将国内数家芯片企业纳入其供应商体系，对联发科技和晨星台湾的依赖程度明显降低。 （四）解除限制性条件可减少当事方重复投资和研发成本 当事方提出，由于限制性条件要求联发科技与晨星台湾承诺分别对电视芯片产品持续投入研发费用，开发相似竞争产品，导致双方对一些技术进行重复投资。解除限制性条件可减少当事方重复投资，降低研发成本。 （五）《公告》中考察的行业特征进一步显现 根据《公告》，商务部深入考察了相关产品所处的行业状况，认为液晶电视主控芯片所处行业的特征和供求变化情况，在一定程度上弱化了此项集中对竞争产生的不利影响。一是液晶电视主控芯片市场竞争格局不稳定。二是本交易为其他市场参与者提供了成长机会。近年来，《公告》中所考察的行业特征及发展趋势进一步显现。第一，智能电视芯片的推广进程日益加快，电视芯片与手机芯片、电脑芯片的边界进一步模糊。第二，交易后，中国大陆电视机厂商开始寻求其他竞争者作为供货商，数家新的竞争者成功进入该市场。	

（续上表）

案件	竞争分析	评估结果
商务部公告 2018 年第 16 号《关于解除汉高香港与天德化工组建合营企业经营者集中限制性条件的公告》	商务部依法评估了集中交易方是否发生重大变化，以及解除限制性条件对市场竞争的影响。汉高香港向天德化工转让合营企业（德高投资控股有限公司，以下简称"德高控股"）45% 股权的交易已于 2017 年 9 月 28 日完成交割。交割前，德高控股由汉高香港与天德化工共同控制；交割后，德高控股由天德化工单独控制，成为天德化工的全资子公司。本案集中交易方已经发生重大变化，继续实施 2012 年第 6 号公告附加的限制性条件已不可能。目前，天德化工仍是氰乙酸乙酯市场两大供应商之一，但其市场份额不断下降，市场控制力减弱。合营企业组建以来，氰基丙烯酸酯单体市场竞争日益激烈，原有市场竞争者不断扩充产能，新的竞争者进入市场，产品价格大幅下降。天德化工单独控制德高控股后，将继续参与氰基丙烯酸酯单体市场的竞争。解除限制性条件难以产生排除、限制相关市场竞争的效果。	根据《反垄断法》第 27 条、《关于经营者集中附加限制性条件的规定（试行）》第 25 条、第 26 条、第 27 条、第 28 条，商务部决定解除 2012 年第 6 号公告附加的限制性条件。
商务部公告 2016 年第 23 号《关于解除沃尔玛收购纽海控股 33.6% 股权经营者集中限制性条件的公告》	依据《反垄断法》《关于经营者集中附加限制性条件的规定（试行）》和 2012 年第 49 号公告的要求，商务部重点评估了解除限制性条件对市场竞争状况的影响。评估发现，公告发布后，特别是 2014 年以来，中国增值电信业务市场准入门槛不断降低，有利于新竞争者进入。2015 年 6 月 19 日，工业和信息化部发布《关于放开在线数据处理与交易处理业务（经营类电子商务）外资股比限制的通告》，规定在全国范围内放开在线数据处理与交易处理业务（经营类电子商务）的外资股比限制，外资持股比例可至 100%。该政策有利于更多竞争者进入增值电信业务市场。在公告实施期间，中国网上零售行业市场规模不断扩大，保持了较快增长速度。	根据《反垄断法》第 27 条、《关于经营者集中附加限制性条件的规定（试行）》第 25 条、第 26 条、第 27 条、第 28 条，商务部决定解除 2012 年第 49 号公告附加的限制性条件。

（续上表）

案件	竞争分析	评估结果
	相关市场内的主要竞争者发展较快，并建立了服务于网上零售的仓储配送系统和供货渠道，市场影响和竞争力进一步增强；部分竞争者已全面开展网上超市业务，在商品品类、配送地域、供应链管理等方面获得了较大提升，与1号店业务进一步同质化，相关市场竞争更加激烈。在2012年之前，1号店在超市品类的电商领域发展速度较快；在公告实施期间，1号店的优势逐渐消失，销售额增长趋势逐渐放缓。第三方机构的统计数据显示，在公告实施期间，当事方控制的1号店业务市场份额无实质增长，其发展速度落后于主要竞争者。评估认为，相关市场竞争状况已发生实质性变化，解除2012年第49号公告附加的限制性条件难以对相关市场的竞争产生排除、限制影响。	
商务部公告2015年第43号《关于变更希捷科技公司（以下简称"希捷"）收购三星电子有限公司硬盘驱动器业务（以下简称"三星硬盘"）经营者集中限制性条件的公告》	（一）市场竞争状况分析 　　1. 在便携式应用领域，固态硬盘对传统硬盘的竞争约束增强。调查发现，在便携式应用领域，固态硬盘对传统硬盘的竞争约束比2011年底显著增强，预计在未来，固态硬盘在该领域的竞争约束将继续增强。第一，自2011年底公告发布以来，数据显示，固态硬盘价格下降，出货量逐步增加，其中便携式应用领域增长尤为显著。独立第三方分析显示便携式应用领域的产品毛利率低于其他领域，侧面证实了固态硬盘对该领域形成更大的竞争约束。第二，近年来，各主要原始设备生产商在便携式应用领域使用固态硬盘的份额不断增加。截至2014年，苹果固态硬盘使用份额达到60%，联想、戴尔、惠普等在10%到20%之间。各厂商的官方网站显示，大部分笔记本电脑以提供固态硬盘作为配置升级选项。第三，有关研究机构预测固态硬盘市场呈增长趋势，且增长速度超过各方预期。	根据上述市场竞争状况分析，商务部认为： 　　第一，市场竞争状况分析显示可以考虑解除部分限制性条件：在便携式应用领域，固态硬盘对传统硬盘的竞争约束明显增强；传统硬盘市场过剩产能提高，降低了竞争者单独或共同限制竞争的可能性；希捷和三星硬盘重叠有限，三星硬盘市场实力较弱。

（续上表）

案件	竞争分析	评估结果
商务部公告 2015 年第 43 号《关于变更希捷科技公司（以下简称"希捷"）收购三星电子有限公司硬盘驱动器业务（以下简称"三星硬盘"）经营者集中限制性条件的公告》	2. 传统硬盘行业过剩产能增加。调查发现，2011 年泰国洪灾后，硬盘企业增加了产能，但市场需求并未显著增加。目前数据显示，各传统硬盘供应商产能利用率约为 80%，过剩产能比公告发布前有明显增加。在固态硬盘不断取代传统硬盘的趋势下，传统硬盘供应商的过剩产能会进一步增加。 3. 传统硬盘市场竞争格局变化不大。2012 年以来，传统硬盘市场竞争格局变化不大，市场上竞争者仍然是希捷、西部数据、东芝、日立存储和三星硬盘五家。在整体传统硬盘市场上，希捷市场份额约为 30%，是市场上的重要竞争者。同时，希捷在台式机应用和企业级应用领域市场实力较强，市场份额超过 40%，居第一位。 4. 希捷和三星硬盘重叠有限，三星硬盘市场实力较弱。三星硬盘主要销售便携式应用硬盘产品，和希捷仅在便携式应用领域存在重叠，受固态硬盘竞争约束更大。在便携式应用市场上，希捷和三星硬盘合并市场份额约为 26%，与市场上其他竞争者相当。2014 年三星硬盘在整体传统硬盘市场中的份额约为 6.5%，市场份额最低，其提供产品类型有限，业务规模较小，还需要支付品牌许可费用，外部零件、组装和审计等方面的负担较重，营利能力和竞争力较弱。	第二，解除全部限制性条件仍可能对市场产生限制竞争影响：传统硬盘市场竞争格局变化不大；希捷仍是市场上的重要竞争者，在各个细分市场均拥有较强实力；整合三星硬盘后希捷在便携式应用领域的市场实力将进一步增强。综上，解除 2011 年第 90 号公告第（一）（二）项义务不会对市场竞争产生实质不利影响，并可以使希捷节省生产、研发成本。同时，要求希捷继续履行 2011 年第 90 号公告规定的其他尚未履行完毕的义务，可以减少完全集中可能产生的限制竞争影响。

（续上表）

案件	竞争分析	评估结果
商务部公告 2015 年第 41 号《关于变更西部数据收购日立存储经营者集中限制性条件的公告》	依据《反垄断法》《关于经营者集中附加限制性条件的规定（试行）》以及 2012 年第 9 号公告的要求，商务部重点评估了解除限制性条件对市场竞争状况的影响。 （一）市场竞争状况分析 1. 在便携式应用和企业级应用领域，固态硬盘对传统硬盘的竞争约束增强。调查发现，在便携式应用领域，固态硬盘对传统硬盘的竞争约束比 2011 年底显著增强；在企业级应用领域也开始形成竞争约束。预计在未来，固态硬盘在该两领域的竞争约束都将继续增强。第一，自 2012 年初公告发布以来，数据显示，固态硬盘价格下降，出货量增加，其中便携式应用领域和企业级应用领域增长尤为显著。独立第三方分析显示便携应用领域和企业级应用领域的产品毛利率低于其他领域，侧面证实了固态硬盘对该两个领域形成更大的竞争约束。第二，近年来，各主要原始设备生产商在便携式应用领域使用固态硬盘的份额不断增加。截至 2014 年，苹果固态硬盘使用份额达到 60%，联想、戴尔、惠普等在 10% 到 20% 之间。各厂商的官方网站显示，大部分笔记本电脑以提供固态硬盘作为配置升级选项。第三，各主要固态硬盘生产商在企业级应用领域不断加大高性能高容量企业级硬盘研发力度。行业报告预测，在未来几年内，该领域固态硬盘采购量将不断增长。第四，有关研究机构预测固态硬盘市场呈增长趋势，且增长速度超过各方预期。 2. 传统硬盘行业过剩产能增加。调查发现，2011 年泰国洪灾后，硬盘企业增加了产能，但市场需求并未显著增加。目前数据显示，各传统硬盘供应商产能利用率约为 80%，过剩产能比公告发布前有明显增加。在固态硬盘不断	根据上述市场竞争状况分析，商务部认为： 第一，市场竞争状况分析显示可以考虑解除部分限制性条件：在便携式应用和企业级应用领域，固态硬盘对传统硬盘的竞争约束明显增强；传统硬盘市场过剩产能提高，降低了竞争者单独或共同限制竞争的可能性；上述市场竞争状况的变化，降低了继续维持全部限制性条件的必要性。西部数据和日立存储均不能提供全系列硬盘产品，且生产和研发相互独立，增加了成本，不利于研发，不利于其充分参与竞争，也不利于客户采购。 第二，解除全部限制性条件仍可能对市场产生限制竞争影响：传统硬盘市场竞争格局变化不大，西部数据

（续上表）

案件	竞争分析	评估结果
	取代传统硬盘的趋势下，传统硬盘供应商的过剩产能会进一步增加。 3. 西部数据和日立存储仍然是硬盘市场的重要竞争者，特别是在便携式应用领域实力较强。2012 年以来，传统硬盘市场竞争格局变化不大，市场上竞争者仍然是希捷、西部数据、东芝、日立存储和三星硬盘五家。其中，西部数据和日立存储市场实力较强，整体传统硬盘市场上，两家合并市场份额为 47%；在传统便携式应用市场上，两家合并市场份额达到 50%。 4. 分持义务限制了西部数据和日立存储充分参与竞争。西部数据和日立存储均不能提供全系列产品，由于履行分持义务，不能整合双方的产品系列，也不利于客户采购。同时，西部数据称，解除保持独立限制性条件将会极大地降低生产成本，减少生产、采购方面的重复支出以及间接成本，使其可以更加充分地参与市场竞争。	和日立存储均是市场上的主要竞争者，实力较强；完全解除条件可能降低原始设备制造商在招投标和竞争比价中的议价能力，提高采购成本，并可能最终传导给消费者；固态硬盘的竞争约束，目前还不足以消除完全集中可能产生的限制竞争影响。 综上，解除生产、研发等方面的保持独立义务，继续保持品牌和销售独立，可以使西部数据节省成本，且提供全系列硬盘产品，全面参与竞争，有利于客户采购。同时，在市场上继续保持两个独立的销售团队和两个独立品牌间的竞争，可以减少完全集中可能产生的限制竞争影响。

（续上表）

案件	竞争分析	评估结果
商务部公告 2015 年第 2 号《关于解除谷歌收购摩托罗拉案部分义务的公告》	经审查，2014 年 1 月 29 日，联想和谷歌签署《收购协议》，联想收购谷歌持有的摩托罗拉移动 100% 股权。3 月 26 日，商务部收到联想收购摩托罗拉移动经营者集中反垄断申报。谷歌出售摩托罗拉移动 100% 股权后，不再生产智能移动设备，但保留摩托罗拉移动的通信技术专利。10 月 16 日，商务部作出不予禁止联想收购谷歌持有的摩托罗拉移动 100% 股权案的审查决定。10 月 30 日，联想发布公告称已完成对摩托罗拉移动的收购。	根据商务部 2012 年第 25 号公告，商务部决定同意谷歌申请，确认商务部 2012 年第 25 号公告第（二）项义务解除，其余内容继续有效。

总结上述案件，我国在满足以下条件时才会在事后对限制性条件作出评估：

首先，根据《规定》第 25 条、第 26 条，评估的时间为附条件批准的决定已经生效后，一般是由集中方主动向商务部提交书面申请。既然规定商务部是"可以"重新审查，对于审理案件繁多且办案人员不足的执法机构，一般是不会主动重新审查的，而基本上在集中当事人申请变更或解除限制性条件时才会对限制性条件重新审查。

其次，只有在出现以下情况时才会启动审查：①集中交易方发生重大变化；②限制性条件中约定的变更或解除期限已至。

再次，评估的内容包括两个阶段的评估，第一阶段是对经营者原限制性条件执行情况的评估，如果合并方未如实履行限制性条件所规定的义务，其所要达到的保护竞争的效果肯定无法达到，更别说变更或解除限制性条件了；第二阶段便是对限制性条件变更或解除后对竞争状况影响的评估，以防其有排除或限制竞争的可能。

最后，根据《规定》第 8 条，商务部再次评估限制性条件采用的方法和事前评估方法一致，即采用发放调查问卷、召开听证会、组织相关专家论证或其他方式征求有关政府部门、行业协会、经营者、消费者的意见。

在上述所有变更或解除条件的案件中，共同点是集中方都按公告内容履行了相应的附加限制性条件中的义务，如沃尔玛案件中增设专门委员会用于监督和检查公司运营的合法合规性；1 号店的网上直销与增值电信两个业务一直保持独立运营；按时向执法部门提交义务履行情况的书面报告；按照商务部的公告决定,希捷保持三星硬盘的独立竞争者地位,使得三星硬盘产品从研发、生产到销售都是独立的,不与希捷品牌有任何关联;西部数据有两项行为违反公告规定的义务,商务部对其进行行政处罚并采取整改措施,最终也履行了变更前的附加限制性条件。

在具体条件应用上,我国商务部对限制性条件做事后评估的重点主要是评估变更或解除限制性条件对市场竞争状况的影响。商务部主要评估了以下要点:

(1)经营者所占的市场份额。在沃尔玛/纽海控股案中,商务部评估发现部分竞争者已全面开展网上超市业务,主要表现在竞争者与1号店的商品分类、配送服务区域、商品的供应管理大体一致,1号店的优势已经成为其他竞争者也能够享有的,且1号店在销售额增长速度方面也有所下降,有关市场份额已经产生了巨大变化,现解除之前的附加限制性条件的义务,相关市场也能正常竞争,不会再产生排除、限制竞争的影响。在希捷/三星硬盘案中,三星硬盘通过附加三年期限的行为性条件,其在整个传统硬盘中的市场份额约为6.5%,这个份额已经算是最低的了,主要是因为三星硬盘的产品类型越来越有限,产品和业务规模很小,加上要支付额外的品牌许可、外部零件、组装等费用,使得其营利能力和竞争力很低,已经不足以产生限制市场竞争的情况。该评估所采取的方法主要为商务部与集中当事方进行了多轮会谈,要求其提交证据材料证明以上结论,通过座谈会和书面形式征求了相关单位意见以及第三方机构的统计数据进行调查。

(2)解除或变更限制性条件后相关市场的市场集中度。在希捷/三星硬盘案中,通过对希捷和三星硬盘的市场竞争状况分析得出限制性条件可以解除:三星硬盘是传统硬盘,但是随着便捷式硬盘应用的不断推广,传统硬盘只占市场的一小部分,且供严重大于求,固态硬盘越来越能够抢占市场,这样就增强了对传统硬盘的竞争力,希捷和三星硬盘业务重叠的部分不多,而三星硬盘现市场集中度很低,所以附加限制性条件已经失去其意义了。

(3)解除或变更限制性条件对消费者和其他相关经营者的影响。在西部数据/日立存储案中,集中方和商务部共同委托独立第三方机构对其解除限制性条件的申请进行评估,发现附加的义务已经成了负担,反而解除之前关于保持日立存储、生产、研发独立的义务,只需在品牌和销售两方面保持独立就能够使得西部数据节省很大成本,且能够为消费者提供更为全面和优质的硬盘产品,有利于客户的采购,使其全面参加竞争,也不会产生集中可能带来的限制、排除竞争的影响。

在具体方法上,商务部一般是通过发放调查问卷、召开听证会、组织相关专家论证等方式来征求相关政府部门、行业协会、经营者、消费者的意见,从而判断是否达到相应标准。欧美国家通常采用市场测试的方法来评估限制性条件，一般是通过市场调查和采访，主要调查对象限定于集中方以及与集中方有关的第三方主体比如供应商、销售商等，基于比较的方法有"before and after"（决策前后受影响市场变化的比较）、横断面和差异分析法、基于市场结构的方法等。

　　总体而言，商务部只有在审查集中当事人申请变更或解除限制性条件是否符合法定条件时，才会评估变更或解除前后企业在附加限制性条件集中后对市场和企业的影响，即没有当事人申请，则没有专门对商务部所作出的附加限制性条件审查决定的执法效果作出事后的总结研究和竞争影响评估。而美国和欧盟有关执法部门会专门对经营者集中附加限制性条件执法效果作出评估，比如剥离的成功率，剥离在实施过程中的促进和阻碍因素有哪些，买家是否能够与集中方有效竞争，集中方行为性条件的执行是否有虚假和监督不力的成分，如何对附加限制性条件作出事后的评估，应该与事前的评估有何区别都是值得关注的问题。

二、关于执法决定事后评估的国内文献

　　与欧美的研究相比，国内对反垄断执法经济效果事后评估的研究有些滞后。少量研究包括杜云、张铭洪在充分讨论消费者选择和企业决策的基础上构建了一个关于 N 次多期迭代的随机试验模型，模拟政府价格管制影响下的市场演化，以判断管制政策是否有效[①]。刘伟对早期事件分析法在国外企业并购反垄断案以及垄断和价格卡特尔案中的应用研究成果进行了梳理，在此基础之上指出了事件分析法在我国已经颁布并实施的《反垄断法》中的应用前景[②]。于立指出对反垄断案例执法效果的评估是未来反垄断经济学研究的重要方向之一[③]。王燕等基于竞争效应评估的基本理论，以 2015 年商务部无条件通过的中国南车和中国北车合并案为例，通过事件分析法分析了中国南车和中国北车合并带来的效率提升。研究发现，公布合并后中国南车和中国北车股票累计异常收益率出现非常明显的正向反应，而竞争对手股票平均累计异常收益率出现负向反应，与效率充分提升横向并购模型的结论一致，证明中国南车和中国北车合并带来了效率提升。此外，作者指出中国南车和中国北车合并后在国际竞争力、技术进步和资源配置方

　　① 杜云，张铭洪. 管制与反垄断前沿理论和政策效率检验——一个基于实验经济学的研究模型 [J].财经研究，2007（22）：44.

　　② 刘伟. 事件分析法在反托拉斯分析中的应用：演变及对我国的启示 [J].浙江社会科学，2009（9）：111 – 117.

　　③ 于立. 中国反垄断经济学的研究进展 [J].广东商学院学报，2010（5）：221.

面都表现出明显的效率提升①。

第三节　机制设计和实施构想

具体而言，反垄断执法评估是一项系统化工作，需要对评估的目标和步骤、主体和对象、个案评估标准和流程作出安排。欧盟和经合组织虽然已经给出了框架性安排，但我国反垄断执法的现实背景、经济基础、法律环境、执法框架都与欧盟有一定差异，制度基础和规则基础也有自身的特点。因此我国反垄断执法经济效果事后评估应当在借鉴国外经验的基础上因地制宜。在我国法律环境下，反垄断执法经济效果有相关法律、执法机构、执法活动和经济执法效果评估四个流程要素。科学的反垄断执法经济效果事后评估机制包括评估主体与内容、评估标准、评估程序与实施三个方面。构建执法效果评估长效机制要做到理论联系实际、制订完善的评估方案、优化评估指标体系和健全评估机构。经济执法效果评估就是对经济执法的效果好坏、优劣进行估计、估算和评价、评议。经济执法效果的评估，在明确了评估对象及内容后，其中最为关键也最困难的是评估标准的确立②。笔者对我国反垄断执法经济效果的事后评估框架作如下设想：

一、目标和标准

参考经合组织和欧盟的事后评估指南，我国反垄断执法经济效果事后评估的总体目标可包括：①通过执法评估，改进执法实践和执法决定的质量；②通过执法评估，提高执法的有效性和公信力；③通过执法评估，更为有效地安排执法资源；④通过执法评估，提高反垄断执法的公信力和透明度。

结合我国立法实践，反垄断执法经济效果事后评估的目标应当与《反垄断法》追求的目标一致。我国《反垄断法》第 1 条明确规定："为了预防和制止垄断行为，保护市场公平竞争，提高经济运行效率，维护消费者利益和社会公共利益，促进社会主义市场经济健康发展，制定本法。"2006 年 6 月 16 日，国务院总理提请全国人大常委会审议反垄断法草案。原国务院法制办公室主任曹康泰所作出的关于《中华人民共和国反垄断法（草案）》的说明中对《反垄断法》的

---

① 王燕，臧旭恒，刘龙花. 基于效率标准的横向并购反垄断控制效果事后评估——以中国南车和中国北车合并案为例［J］.财经问题研究，2018（5）：23.

② 吴义周，张香萍. 经济执法效果评估机制研究［J］.经济问题探索，2008（8）.

立法目的阐释为："反垄断法是保护市场竞争，维护市场竞争秩序，充分发挥市场配置资源基础性作用的重要法律制度，素有'经济宪法'之称。同时，反垄断法也是市场经济国家调控经济的重要政策工具。特别是在经济全球化的条件下，世界各国普遍重视利用反垄断法律制度，防止和制止来自国内国外的垄断行为，维护经营者和消费者合法权益，促进技术创新和技术进步，提高企业竞争力，保证国民经济的健康、持续、协调发展。"从上述条文和官方解读来看，虽然我国《反垄断法》并未强调经济学基础，但消费者利益和社会公共利益可以理解为分别涵盖了消费者福利和社会公共福利。学界关于反垄断执法中应当采用什么标准也存在争议。有学者认为我国反垄断执法本身采取的是社会总福利标准①，也有学者认为我国虽应当采用社会总福利标准，但应当赋予消费者福利较大权重。

笔者认为，反垄断执法经济效果的事后评估应该采用消费者福利标准，具体理由如下：

第一，消费者福利标准比经济效率标准更加具有可操作性。Salop 指出，采用总福利标准将需要考虑合并对竞争对手利润的影响。根据 Salop 的说法，这将使竞争政策的实施变得更为复杂，并会与经济学家广泛认同的主张相冲突，即反垄断是为了保护竞争，而不是保护竞争对手。② ①经济效率的计算和比较需要计算竞争者、消费者、垄断企业的利益和损失，而消费者利益标准只需要计算消费者的利益和损失，在工作量上显然少了很多。②难以获取合法竞争者和垄断企业的成本、商业秘密、内部协议等信息或者难以获得真实数据，导致计算不准确的问题。而影响消费者利益的因素，则可以从商品或者服务的价格高低、质量好坏、可选择性多少等客观方面进行直接评估，这些数据公开透明且真实性高。因为消费者福利标准只局限于单一群体，因而更加容易实施，并且因为其数据和资料的透明度较高，从而能形成一套目标单一、理念一致、验证简便客观的评估标准。③

第二，美欧司法和执法部门认为反垄断执法经济效率实际偏向于消费者福利。欧盟委员会竞争总司在执法中一贯重视消费者利益保护。欧盟委员会强调合并带来的效率要超过合并带来的反竞争效果，最少也应足以抵消对竞争的影

① 余东华. 横向并购反垄断控制的福利标准选择研究 [J]. 复旦学报（社会科学版），2012（6）：94 – 104.

② STEVEN C S. Question：What is the real and proper antitrust welfare standard? Answer：The true consumer welfare standard [J]. Loy consumer law review，2010（22）.

③ CHARLES F R & DAVID L M. An antitrust enforcement policy to maximize the e-conomic wealth of all consumers [J]. Antitrust bulletin，1988（33）：694 – 695.

响，特别是对消费者造成的潜在危害。"集中是允许的，除非严重阻碍有效竞争，如果集中危害消费者的利益，则认为竞争被严重阻碍。"欧共体准则中明确指出："评估效率的相关基准是消费者不会因为合并而变得更糟①……欧盟委员会采取了消费者福利标准，只有在不会对消费者造成负面影响的情况下才能进行兼并。"② 1992 年，在 Accor/Wagons-Lits 合并案中，欧盟委员会拒绝了合并方的降低成本、产生规模经济效率的主张，认为"合并后企业不会将任何好处转移给消费者"，并且成本节约也不是合并所特有的。③ Lear 在其为欧盟委员会撰写的报告中写道："正如我们所表明的那样，欧盟的反垄断立法似乎偏向于保护消费者。"④ 欧盟法院通过行使司法审查权，力促委员会审查消费者是否从经营者的垄断协议中获得相应利益，促使消费者利益标准在垄断协议豁免案件中得以运用，即只要消费者没能公平分享垄断协议的效率利益，欧盟委员会就拒绝同意豁免垄断协议，而评估效率的相关基准是消费者利益不会因为合并而变得更糟。

美国的反垄断执法机构也秉持这一观点，联邦贸易委员会在具体案件中指出："美国反垄断法的唯一目标是促进消费者福利……其他的经济和社会目标无须借助反垄断法来实现。"⑤ 美国司法部和联邦贸易委员会联合发布的《横向合并指南》（*Horizontal Merger Guidelines*）在"效率"一节中提到："为了做出必要的决定，当局将考虑可被审查的效率是否足以推翻有关合并潜在危害相关市场消费者的说法，……一项合并所具有的潜在的反竞争影响越大，传导给消费者的影响越多，当局为得出合并不会对相关市场造成反竞争影响的结论时所要求的可被审查的效率就越高。"⑥

1996 年，FTC 诉巴特沃斯健康公司（以下简称"巴特沃斯"）和布拉吉特

---

① Council Regulation (EC) No 139/2004 of 20 January 2004. On the control of concentrations between undertakings (the EC Merger Regulation) Official Journal L 24.

② European Commission. Ex-post review of merger control decisions [EB/OL]. [2019 – 03 – 20]. http://ec. europa. eu/competition/mergers/studies_ reports/lear. pdf.

③ Comm'n decision of 28 April 1992 declaring the compatibility with the common market of a concentration (Case No. IV/M. 126—Accor/Wagons-Lits), 1992 O. J. (L 204) 1.

④ Comm'n decision of 28 April 1992 declaring the compatibility with the common market of a concentration (Case No. IV/M. 126—Accor/Wagons-Lits), 1992 O. J. (L 204) 1.

⑤ Unilateral Conduct Working Group, Int'l Competition Network. Report on the objective of unilateral conduct law, assessment of dominance/substantial market power, and state-created monopolies [EB/OL]. [2019 – 03 – 01]. http://www. internationalcompetitionnetwork. org/media/library/unilateral_ conduct/Objectives%20of 20Unilateral %20Conduc%20May%20007. pdf.

⑥ U. S. Department of Justice & the Federal Trade Commission [J]. Horizontal mergers guidelines, 2010.

纪念医疗中心（FTC v. Butterworth Health Corp & Blodgett Memorial Medical Center）案是因消费者将从减少的竞争中获利而获得合并批准的一个非常典型的例子。在本案中，法院接受了巴特沃斯的效率抗辩，认为合并会提高市场效率。而且被告证明，尽管其合并降低了市场竞争度，但是消费者福利却会因此增加，因为合并可以使消费者所享受的医疗服务质量更高，且花费更低。被告作出"社区承诺"，即合并方向西密歇根社区作出一系列正式保证，让他们确信"交易的目的和意图是降低成本，并向消费者转移成本结余，而不是提高价格或对消费者不利"。① 法院认可了被告的承诺，承认此次合并将向消费者转移效率利益。在 Brooke Group 案中，法院将反垄断的"传统关切"确定为"消费者福利和价格竞争"。② 然而，最重要的是，法院将消费者福利等同于消费者在相关市场获得的利益，而不是经济效率。法院在分析不成功的掠夺性定价是否违法时指出，低于成本的定价有时会导致配置效率低下。然而，它宣称，不成功的掠夺性定价"在市场中产生较低的总价，以及消费者福利得到增加"。当用市场上的价格水平而不是配置效率衡量消费者福利时，法院表示反垄断法的核心目标是增强消费者在相关市场中的福祉，而不是最大化经济效率或最小化低效率。因此，法院指出，不成功的掠夺行为总体上是对消费者的一种福音。

在 Leegin 案中，法院更明确地将反垄断法的目的与消费者的利益等同起来。法院指出，正如他在沃尔沃案件中所指出的那样，"反垄断法的设计主要是为了保护品牌间的竞争"。但是，他补充说，行为对竞争的影响与其对消费者的影响直接相关。法院指出，合理原则"区分了对消费者有害的反竞争效应的限制和对消费者最有利的刺激竞争的限制"。③ 在阐明对消费者的影响与对竞争的影响之间的这种一对一的对应关系时，法院几乎采取了许多下级法院现在采取的立场，即测试一种行为是否会损害竞争对消费者的影响。此外，法院并未提及经济效率。它表示竞争是有价值的，因为它为"消费者"和"消费者的最佳利益"提供服务。

在更新的一些案件中，美国上诉法院重申了消费者福利标准的核心地位。

---

① 李小军. 企业合并反垄断控制中的效率抗辩——以美国为中心的考察 [M] // 游劝荣. 反垄断法比较研究. 北京：人民法院出版社，2006：442.

② Brooke Group Ltd. v. Brown & Williamson Tobacco Corp. , 509 U. S. 209, 221 (1993).

③ Leegin Creative Leather Products, Inc. v. PSKS, Inc. , 551 U. S. 877 (2007).

联邦第七巡回上诉法院表示："反垄断法的主要目的是防止向消费者滥收费用。"① 第六巡回上诉法院引述了一项审判法庭的声明，称"反垄断法的目的是确保竞争的利益流向被违规行为影响的商品使用者"。② 第二巡回上诉法院宣称："反垄断法……通过保护竞争过程来保护消费者。"③ 第九巡回上诉法院观察到："解释的挑战之一……《谢尔曼法》确保反垄断法不会惩罚有利于消费者的经济行为，并且不会损害竞争过程。"④

美国联邦贸易委员会的前任主席 Timothy J. Muris 也对里根时代的反垄断法实践欣赏不已，而他对其大加赞赏的原因是：当时的反垄断法在实践中将"消费者福利作为唯一目标"，并且为此"构建了可靠的经济学分析框架，经受住了理论和实践的双重考验"⑤。在后来的反垄断法实践中，不论是执法还是司法，都开始普遍要求"消费者能够分享垄断行为带来的好处"，否则垄断行为很难获得豁免。John B. Kirkwood 和 Robert H. Lande 在一篇论文中总结到："反垄断法和最近案件的立法历史都揭示了这一首要目标。事实上，尽管最高法院法官日益保守，连续对被告作出了十四项判决，⑥ 但最高法院目前的意见主要集中在保护消费者，而不是提高效率。像最近低等法院的绝大多数判决一样，这些意见表明，反垄断法的最终目的是向消费者提供竞争的好处——降低价格、更好的产品和更多的选择，而不是提高经济效率。换句话说，反垄断的根本目标就是保护相关市场中被反竞争行为利用的消费者，避免不公平地将财富转移给有市场支配力的公司而不是增加社会总财富。当垄断行为在保护消费者和提高经济效率（如提高价格但降低成本的合并）之间存在冲突时，法院一直选择保护消费者而不是效率。"⑦

第三，前文讨论和介绍的欧盟、美国、英国等法域进行的执法经济效果事

---

① Kochert v. Greater Lafayette Health Servs. , Inc. , 463 F. 3d 710, 715（7th Cir. 23006）［quoting Premier Elec. Constr. Co. v. Nat'1 Elec. Contractors Ass'n, 814 F. 2d 58, 368（7th Cir. 1987）］, cert. denied, 127 S. Ct. 1328（2007）.

② La. Wholesale Drug Co. v. Hoechst Marion Roussel, Inc.（In re Cardizem CD Antitrust Litig. ）, 332 F. 3d 896, 904（6th Cir. 2003）［quoting In re Cardizem CD Antitrust Litig. , 105 F. Supp. 2d 618, 651（E. D. Mich. 2000）］. The appellate court added that protecting consumers from higher prices "was undoubtedly a raison d'etre of the Sherman Act when it was enacted in 1890". Id. at 910.

③ Geneva Pharm. Tech. Corp. v. Barr Labs. Inc. , 386 F. 3d 485, 489（2d Cir. 2004）.

④ Cascade Health Solutions v. Peace Health, 515 F. 3d 883, 902 – 03（9th Cir. 2008）.

⑤ TIMOTHY J M. Looking forward: The Federal Trade Commission and the future development of U. S competition policy［J］. Colum. bus. l. rev, 2003（359）: 388.

⑥ ANDREW I G. The 2006 Supreme Court Term in historical context［J］. Antitrust, 2007: 21 – 22.

⑦ JOHN B K & ROBERT H L. The fundamental goal of antitrust: protecting consumers, not increasing efficiency［J］. Notre dame L. rev, 2008（84）: 191.

后评估，在进行个案评估时，均采用消费者福利标准，主要关注价格的变化。如美国医院执法经济效果事后评估中，评估人员主要关注医疗保险费用的变化，在英国针对利洁时滥用市场支配地位的评估中，OFT 也主要关注 GL 药物价格的变动。价格主要影响消费者的利益。即便部分个案评估讨论了其他影响，如在针对取消书籍转售价格维持中，讨论了取消对于创新的影响，但这种对于创新的讨论也是附带一提，评估的主体还是书籍价格的变化。可见，在实际操作中，消费者福利是更为常见的评估标准。

二、评估流程

在流程设计上，我国反垄断执法尽管属于中央事权，但由于执法机构分散，实际执法存在地区差异，为应用差异比较法，尤其是双重差分法预留了空间。在具体实践中，建议首先对反垄断执法案件进行收集整理，按照部门、垄断行为类型、执法决定类型、行业类型、是否属上市公司、市场集中度等类型进行分类；其次检测具体个案或一系列案件是否具有使用事件研究法、模拟方法、双重差分法的条件。在实际操作中，可考虑优先选择对执法思路有益的案件，包括：①有争议的案件，如不同裁判机关做出不同决定的案件；②同类垄断行为或同类并购行为不断发生领域；③数据和信息收集相对便利，具有事后评估可操作性的案件。

如对可口可乐并购汇源案经济效果事后评估（类型：经营者合并；执法决定：禁止并购）的设想流程如表 6-2、6-3、6-4 所示：

表 6-2　设想评估流程一

首选方法：PCAIDS 合并模型模拟	
可行性	果汁行业中各企业的市场份额； 企业需求价格弹性； 行业需求价格弹性是否可知
如具有可行性则进入下一步，否则考虑其他方法	
评估测算	模型的函数形式； 模型系数的计算； 弹性值及合并企业单边效应的计算
结果分析	局限性，是否支持执法机构的认定

6 – 3   设想评估流程二

次选方法：事件研究法	
可行性	金融市场的数据资料是否可知可用
评估测算	界定事件及事件期间； 界定估计期间和后事件期间； 正常报酬率的计算； 非正常报酬率累计； 统计检验
结果分析	局限性，是否支持执法机构的认定，与首选方法结论比较（如有）

表 6 – 4   设想评估流程三

再选方法：双重差分法	
可行性	控制组是否可以确定； 双重差分估计量是否具备外生性
评估测算	实验变项为执法干预，受到执法干预的样本为实验组，否则为控制组。记样本的分组虚拟变量为 d^i，实验组的 $d^i = 1$，表明改组样本受到执法决定冲击，控制组的 $d^0 = 0$，表明没有是受到执法干预。记所有样本的时间虚拟变量为 d_t，实验处理前 $d_t = 0$，实验处理后 $d_t = 1$，表明执法决定冲击已发生。时间虚拟变量与分组虚拟变量的乘积即为双重差分估计量 d^i_t，双重差分计量模型表述为： $$y^j_{it} = a_0 + a_1 d + a_2 d^i + \beta d^i_t + a_3 x^j_{it} + \varepsilon^j_{it}$$ y^j_{it} 为第 i 个个体的被解释变量，x^j_{it} 为考察个体差异的控制变量，ε^j_{it} 为随机扰动项，a、β 为回归系数。β 即为执法决定的效果。
结果分析	局限性，是否支持执法机构的认定，与首选、次选方法结论比较（如有）

在走完评估前期流程后，评估机构须考虑对多个同类型案件执法效果进行批量分析，并通过对执法部门、执法对象、竞争者及消费者的走访检验补充实证结论。

三、评估主体和对象

评估机构是评估活动的组织、策划和具体实施者，对评估机构的选择关系到评估结果的科学性问题。外部评估机构往往是最佳选择，因为第三方评估更能保证评估的中立性，排除干扰，增强评估结果的可信性。但考虑到评估需要充分了解行业信息，也需要专业的经济学和法学人士参与，纯粹的第三方评估可能缺乏可行性。综合考虑可行性和独立性，笔者建议由国务院反垄断委员会牵头进行反垄断执法评估试点。《反垄断法》第 9 条明确规定，国务院设立反垄断委员会，负责组织、协调、指导反垄断工作，履行研究拟订有关竞争政策；组织调查、评估市场总体竞争状况，发布评估报告，以及履行国务院规定的其他职责。参照该条文，国务院反垄断委员会本身具有指导修订竞争政策评估市场的职能，进行反垄断执法经济效果事后评估应是其履行的职责之一。当然，在条件成熟后，也可成立专门的评估组织，或者实施第三方评估机制，建立常态化的评估运作框架。

评估对象自然是我国反垄断执法实践。在司法层面，到 2017 年底，全国法院共处理反垄断民事一审案件 700 件，审结 630 件。在行政执法层面，根据商务部反垄断局官网发布的通知公告，笔者整理了其案件处理情况。截至 2018 年 1 月，商务部无条件批准实施经营者集中案件 1 952 件，禁止批准实施经营者集中案件 2 件，附条件批准实施经营者集中案件 35 件，解除、修改已批准实施经营者集中案件的附加条件 7 件，对已批准实施经营者集中案件违反所附加条件进行处罚的案件 3 件，对应申报而未申报的经营者集中进行处罚的案件 20 件。

发改委共发布执法决定书 72 件，主要涉及价格垄断行为。通过访问发改委价格监督检查与反垄断局官网，笔者对其公布的近几年（截至 2018 年 1 月16 日）处罚案件进行了整理①。在已公布的处罚决定和免于处罚的决定中挑选出和消费者利益有关的表述，整理结果如表 6 - 5 所示：

表6-5　发改委处罚决定汇总

行业	文书内容 （处罚或免予处罚）	文书数量（件）	是否应用消费者利益
保险	处罚	23	是
保险	免予处罚	1	否
汽车零部件生产	处罚	7	是
汽车零部件生产	免予处罚	1	否
通信	处罚	1	是
轴承制造	处罚	3	是
海运	处罚	7	是
海运	免予处罚	1	否

---

① 案件详情参见发改委价格监督检查与反垄断局官网，网址为 http：//jjs. ndrc. gov. cn/fjgld/。

（续上表）

行业	文书内容 （处罚或免予处罚）	文书数量（件）	是否应用消费者利益
医药	处罚	9	是
医疗器械	处罚	1	是
化工	处罚	18	是

已公布的 72 份正式决定文书中，包括 69 份处罚决定和 3 份免予处罚的决定。在 69 份处罚决定中，执法部门均将消费者利益纳入处罚的考虑因素，主要包括两种考虑方式。一种是将竞争标准与消费者利益标准同时使用，在考虑到垄断行为影响竞争秩序的同时，考虑其对消费者利益的影响。比如执法部门对美敦力（上海）管理有限公司的处罚决定（发改办价监处罚〔2016〕8 号），美敦力和交易相对人达成价格垄断协议，固定了其向第三人销售心脏血管、恢复性疗法和糖尿病业务等领域医疗器械产品的转售价格、投标价格和销售到医院的最低价格，当局认定其行为"排除、限制了市场竞争，损害了消费者利益"。还有一种是将消费者利益作为竞争标准的附庸，因为大多数价格垄断行为都直接损害了消费者利益，并不需要深入分析研究。比如高通公司（Qualcomm Incorporated）的处罚决定（发改办价监处罚〔2015〕1 号），高通公司在相关市场具有支配地位，并滥用其市场支配地位加收不合理费用、要求被许可人进行专利免费反向许可等，处罚决定中写道，"当事人收取不公平高价专利许可费增加了无线通信终端制造商的成本，并最终传导到消费终端，损害了消费者的利益"。"……严重排除、限制了相关非无线标准必要专利许可市场的竞争，阻碍、抑制了技术创新，最终损害了消费者的利益。"在三份免予处罚的行政决定中，三家企业免予处罚的理由均来自于我国《反垄断法》第四十六条第二款的规定，及《反价格垄断行政执法程序规定》第十四条对反垄断法的细化规定，即第一个主动向反垄断执法机构报告达成价格垄断协议的有关情况并提供重要证据（对认定价格垄断有关键作用）的经营者，可以免除处罚。

截至 2018 年 2 月 8 日，国家工商行政管理总局（以下简称"工商总局"）反垄断与反不正当竞争执法局在官网发布了 66 篇竞争执法公告，其中工商执法范围涉及 30 多个省市（县/区）的百余家企业。除去虽构成垄断行为但未造成严重危害后果，承诺采取整改措施而中止调查或终止调查的几家企业外，其余企业均受到不同程度的行政处罚。① 笔者对执法公告中提到的案件情况整理如表6-6所示：

表6-6 执法案件情况汇总

年份	案件类型	调查结果	文书数量（件）	是否应用消费者利益
2018	滥用市场支配地位	处罚	2	是
		中止调查/终止调查	1	是
	垄断协议	处罚	1	否
		中止调查/终止调查	1	是
2017	滥用市场支配地位	处罚	5	是
		中止调查/终止调查	4	是
	垄断协议	处罚	17	是
		中止调查/终止调查	1	是
2016	滥用市场支配地位	处罚	10	是
		中止调查/终止调查	0	
	垄断协议	处罚	44	是
		中止调查/终止调查	0	
2015	滥用市场支配地位	处罚	3	是
		中止调查/终止调查	6	是
	垄断协议	处罚	31②	是
		中止调查/终止调查	0	
2014	滥用市场支配地位	处罚	4	是
		中止调查/终止调查	1	是
	垄断协议	处罚	11	是
		中止调查/终止调查	0	
2013	滥用市场支配地位	处罚	0	
		中止调查/终止调查	0	
	垄断协议	处罚	45	是
		中止调查/终止调查	1	是

① 国家工商行政管理总局反垄断与反不正当竞争执法局官网，网址为 http://www.saic.gov.cn/fldyfbzdjz/jzzfgg/。

② 其中一份为竞争执法公告2015年第9号，内容为对安徽信雅达系统工程股份有限公司等三家密码器企业垄断协议行为的处罚决定书。

从表6-6中可以看出，工商系统内的案件对消费者利益的应用比商务部和发改委的执法实践更加广泛，给我们提供了更多的比较分析素材。而且和前文中发改委对消费者利益标准的应用相类似。在工商系统中，消费者利益标准一是与竞争标准同时使用，比如中国太平洋人寿保险股份有限公司湖北分公司等12家保险公司垄断协议案，处罚决定认为："其行为扰乱了武汉市市管建设工程领域保险行业的正常竞争秩序，损害建筑企业、其他保险公司等该市场直接参与者的利益，并最终损害了消费者的利益。"标准二是作为竞争标准的附庸，比如重庆青阳药业有限公司涉嫌滥用市场支配地位拒绝交易案中，执法机构认为当事企业拒绝交易会导致原料药成本上涨，而这些成本上涨费用将最终由消费者买单，增加消费者负担。处罚中写道："拒绝供货加重别嘌醇制剂消费者负担……但原料药价格助推制剂成本上涨最终都转嫁给了消费者，增加了别嘌醇制剂消费者的负担。"所有上述案件，尤其是并购案件均可作为反垄断执法经济效果事后评估的对象。

四、评估实例

本部分笔者将尝试通过简单的前后对比方法分析我国原料药反垄断执法对价格的影响。近几年来我国原料药价格飞涨，反垄断执法机构开展了一系列针对原料药行业价格垄断行为的执法规制活动。为遏制原料药价格飙升，国家发改委和工商总局对原料药行业价格垄断行为展开调查，查处了一系列原料药价格垄断行为案件，笔者对相关案件进行了汇总（见表6-7）。除此之外，笔者还通过药品价格变化情况对执法机构的执法效果进行评析。截至2019年4月，执法机构已对多起原料药价格垄断进行了执法处罚。表6-7对已有原料药执法案件信息进行汇总并加以分析。

表6-7　执法案件信息汇总

案件	年份	相关商品市场	案件性质、主要观点	执法机构	处罚对象	处罚金额
山东复方利血平案	2011	盐酸异丙嗪原料药	滥用市场支配地位（不公平高价销售及拒绝交易）	发改委	山东潍坊顺通医药有限公司；潍坊市华新医药贸易有限公司	违法所得37.7万元+罚款650万元＝687.7万元；违法所得5.26万元+罚款10万元＝15.26万元
别嘌醇原料药案	2015	别嘌醇原料药	滥用市场支配地位（拒绝交易）	重庆市工商行政管理局	重庆青阳药业有限公司（3%）	罚款：43.93万元
别嘌醇片案	2016	别嘌醇片	横向垄断协议（固定或变更价格和分割市场）	发改委	商丘市华杰医药有限公司（5%）①；上海信谊联合医药药材有限公司（5%）②；世贸天阶制药（江苏）有限责任公司（5%）③；重庆青阳药业有限公司（8%）；重庆大同医药有限公司（8%）④	罚款：51.06万元；罚款：49.56万元；罚款：118.41万元；罚款：168.69万元；罚款：11.83万元

---

①　发改办价监处罚〔2016〕4号〔EB/OL〕.〔2019-01-16〕. http://www.ndrc.gov.cn/xzcf/201602/t20160202_774523.html.

②　发改办价监处罚〔2016〕3号〔EB/OL〕.〔2019-01-16〕. http://www.ndrc.gov.cn/xzcf/201602/t20160202_774522.html.

③　发改办价监处罚〔2016〕2号〔EB/OL〕.〔2019-01-16〕. http://www.ndrc.gov.cn/xzcf/201602/t20160202_774521.html.

④　发改办价监处罚〔2016〕1号〔EB/OL〕.〔2019-01-16〕. http://www.ndrc.gov.cn/xzcf/201602/t20160202_774520.html.

（续上表）

案件	年份	相关商品市场	案件性质、主要观点	执法机构	处罚对象	处罚金额
艾司唑仑原料药案	2016	艾司唑仑原料药、艾司唑仑片剂	艾司唑仑原料药"联合抵制交易"的垄断协议及艾司唑仑片剂"固定或变更商品价格"的垄断协议	发改委	常州四药制药有限公司（3%）①；山东信谊制药有限公司（2.5%）②；华中药业股份有限公司（7%）	罚款：48.44万元；罚款：54.75万元；罚款：157.18万元
苯酚原料药案	2016	苯酚原料药	滥用市场支配地位（拒绝交易）	重庆市工商行政管理局	重庆西南制药二厂有限责任公司（1%）	违法所得48.28万元＋罚款1.72万元＝50万元
药用水杨酸甲酯案	2017	药用水杨酸甲酯	滥用市场支配地位（附加不合理交易条件）	湖北省工商行政管理局	武汉新兴精英医药有限公司（3%）	违法所得183.69万元＋罚款37.23万元＝220.92万元
异烟肼原料药案	2017	医药级异烟肼原料药	滥用市场支配地位（不公平高价销售及拒绝交易）	发改委	浙江新赛科药业有限公司（2%）③；天津汉德威药业有限公司（2%）④	罚款：28.95万元；罚款：15.44万元

① 发改办价监处罚〔2016〕7号［EB/OL］.［2019-01-16］. http：//www. ndrc. gov. cn/xzcf/201607/t20160727_812944. html.

② 发改办价监处罚〔2016〕6号［EB/OL］.［2019-01-16］. http：//www. ndrc. gov. cn/xzcf/201607/t20160727_812943. html.

③ 发改办价监处罚〔2017〕1号［EB/OL］.［2019-01-16］. http：//www. ndrc. gov. cn/xzcf/201708/t20170815_861783. html.

④ 发改办价监处罚〔2017〕2号［EB/OL］.［2019-01-16］. http：//www. ndrc. gov. cn/xzcf/201708/t20170815_861782. html.

（续上表）

案件	年份	相关商品市场	案件性质、主要观点	执法机构	处罚对象	处罚金额
冰醋酸原料药垄断案	2018	冰醋酸（无水乙酸）	达成并实施"固定或者变更商品价格"垄断协议	国家市场监督管理总局	台山市新宁制药有限公司（4%）①；四川金山制药有限公司（4%）②；成都华邑药用辅料制造有限责任公司（4%）③	违法所得136.09万元+罚款276.34万元=412.43万元；违法所得235.91万元+罚款206.05万元=441.96万元；违法所得286.22万元+罚款142.77万元=428.99万元
扑尔敏原料药垄断案	2019	扑尔敏（马来酸氯苯那敏）	滥用市场支配地位（不公平高价销售及拒绝交易和搭售）	国家市场监督管理总局	湖南尔康医药经营有限公司（8%）④；河南九势制药股份有限公司（4%）⑤	违法所得239.47万元+罚款847.94万元=1087.41万元；罚款：155.73万元

数据来源：http：//jjs. ndrc. gov. cn/fjgld/（发改委价格监督检查与反垄断局子站）；http：//home. saic. gov. cn/fldyfbzdjz/（工商总局反垄断与反不正当竞争执法局网站）

在山东复方利血平案中，涉案企业山东潍坊顺通医药有限公司和潍坊市华新医药贸易有限公司分别与全国仅有的两家生产盐酸异丙嗪原料药的企业——辽宁省东港市宏达制药有限公司、辽宁省丹东医创药业有限责任公司签订

① 国市监处〔2018〕17号［EB /OL］.［2019 – 03 – 28］. http：//gkml. samr. gov. cn/nsjg/bgt/201902/t20190216_288694. html.

② 国市监处〔2018〕18号［EB /OL］.［2019 – 03 – 28］. http：//gkml. samr. gov. cn/nsjg/bgt/201902/t20190216_288694. html.

③ 国市监处〔2018〕19号［EB /OL］.［2019 – 03 – 28］. http：//gkml. samr. gov. cn/nsjg/bgt/201902/t20190216_288694. html.

④ 国市监处〔2018〕21号［EB /OL］.［2019 – 03 – 28］. http：//gkml. samr. gov. cn/nsjg/bgt/201902/t20190216_288679. html.

⑤ 国市监处〔2018〕22号［EB /OL］.［2019 – 03 – 28］. http：//gkml. samr. gov. cn/nsjg/bgt/201902/t20190216_288679. html.

《产品代理销售协议书》，控制了国内盐酸异丙嗪货源，在这之后立即将价格由每公斤不足 200 元提高到 300 ~ 1 350 元不等，滥用市场支配地位，以不公平的高价销售盐酸异丙嗪原料药并且拒绝交易。发改委根据《反垄断法》第十七条第一款第一项"不公平高价"以及第三项"拒绝交易"对涉案经营者进行处罚。

在异烟肼原料药案中，涉案企业浙江新赛科药业有限公司 2017 年销售异烟肼原料药的平均价格为 2016 年平均价格的 3.52 倍，销售价格大幅上涨；另一涉案企业天津汉德威药业有限公司 2015 年 8 月销售的异烟肼原料药的价格为上一年度最高价格的 19 倍，为当年度除个别批次外最高价格的 17.27 倍。在成本和下游制剂企业需求量基本稳定的情况下，涉案两公司的上述销售价格上涨明显超过正常幅度。并且两公司还实施了没有正当理由，拒绝与交易相对人进行交易的行为，违反了《反垄断法》第十七条第一款第一项和第三项的规定。

在扑尔敏原料药垄断案中，2018 年 7 月，涉案企业湖南尔康医药经营有限公司以 2 940 元/公斤的价格向下游经营者销售扑尔敏原料药，这个价格是该公司采购扑尔敏原料药平均成本的 3 ~ 4 倍。并且在上述销售行为实施期间，扑尔敏原料药生产和采购成本并没有发生重大变化，当事人以 2 940 元/公斤的价格对外销售扑尔敏原料药，价格增长明显超过正常幅度，且缺乏正当理由，明显不公平。此外，上述企业还与另一涉案企业河南九势制药股份有限公司共同实施了没有正当理由拒绝交易和搭售商品的行为。湖南尔康医药经营有限公司违反了《反垄断法》第十七条第一款第一项、第三项和第五项的规定，河南九势制药股份有限公司违反了《反垄断法》第十七条第一款第三项和第五项的规定。

在以上三个原料药垄断案中，执法机构在对案件定性以及法条的适用上援用了不公平的高价条款。在这三个案件中，经营者除实施不公平高价行为外还伴随着拒绝交易以及搭售等排他性滥用行为。从行政处罚决定书中可以看出，反垄断执法机构在经营者滥用市场支配地位的具体行为方面花大篇幅地分析和论证经营者实施的排他性滥用行为，对于案件涉及的不公平高价部分，如何认定价格"过高"，以及价格是否"不公平"进行了较为有限的论证和说明。基于此，援用"不公平高价"条款规制原料药超高定价在实践中仍然存在许多问题。

发改委除在 2011 年山东复方利血平案中实施了没收违法所得并处罚金，此后的案件均没有涉及没收违法所得，而工商总局及其地方分局则采取并罚模式。虽然认定违法所得有难度，但依据我国《反垄断法》四十六条、四十七条的规定，我国采取双罚制模式，二者是必须要并处的，发改委是否在适用法律上存在问题？我国《反垄断法》规定的罚款比例、罚款年限以及罚款依据的规定导致我国罚款金额过低，难以起到威慑作用。

相关执法机构对原料药行业进行了一系列执法活动，处罚的效果如何？是否有遏制原料药行业的价格上涨？表6-8统计了2010—2018年与涉案原料药密切相关的成品药的中标价格信息，对比执法前后原料药的价格变化情况，基于原料药价格变化对反垄断执法经济效果进行分析。

表6-8　药品价格变化

单位：元

药品	2010年	2011年	2012年	2013年	2014年	2015年	2016年	2017年	2018年
盐酸异丙嗪原料药（复方×100复方利血平片）	4.42	3.23	3.7	4.15	6.87	8.09	20.66	11.54	13.19
别嘌醇原料药（0.1g×100别嘌醇片）	14.66	12.71	6.07	9.67	28.99	41.38	49.96	39.78	72.8
艾司唑仑原料药（1mg×100艾司唑仑片剂）	4.01	1.69	2.6	4.48	9.55	15.08	34.31	22.67	
苯酚原料药（0.2g水杨酸苯酚贴膏）	0.11	0.16	0.09	0.14	0.11	0.11	0.11	1.42	1.55
药用水杨酸甲酯（3mL风油精）	1.07	1.08	0.89	0.98	1.09	1.77	3.11	3.54	2.79
医药级异烟肼原料药（0.1g×100异烟肼片）	2.89	2.32	2.27	2.87	9.75	14.48	42.04	29.28	28.28

数据来源：https：//db.yaozh.com/（药智网）①

从表6-8中的数据可以看出，反垄断执法机构的执法效果还有待提高。

---

　　① 由于原料药价格信息难以查询，表格中选取的范本为与原料药案件密切相关的成品药的中标价格（价格为同一规格药品市场上所有生产企业在全国范围内的中标价的平均价），以期从侧面加以佐证执法前后原料药的价格变化。

一部分药品价格依然保持上涨：以 0.1g×100 别嘌醇片为例，发改委认定涉案企业在 2014 年 4 月至 2015 年 9 月在销售别嘌醇片药品过程中达成并实施了垄断协议的事实，此阶段，药品价格由 2013 年的 9.67 元上涨到 2015 年的 41.38元，价格上涨超过 4 倍。发改委对涉案企业进行处罚后，别嘌醇片的价格依然呈上升趋势，2018 年的中标价格为 72.8 元，大约为垄断协议实施前 2013 年价格的 7 倍。

还有一部分药品价格虽未上涨，但也维持在一个远高于垄断协议实施前的市场竞争价格：以 1mg×100 艾司唑仑片剂为例，发改委统计得出，自 2015 年 3 家涉案企业联合抵制交易协议实施以来，原有的 19 家艾司唑仑片剂生产企业中的 14 家片剂企业被迫停产。这就扩大了涉案企业在片剂市场的份额，有利于涉案企业在片剂市场实施联合涨价。2015—2016 年，艾司唑仑片剂价格上涨超过 3 倍，2017 年价格虽有所回落，但与垄断协议实施前的 2014 年价格对比仍超过 2 倍，并未回归到正常的竞争水平。

五、结语

综上所述，我国要建立有效的经营者集中附加限制性条件事后评估机制，需要抓住以下几个关键步骤：选择评估的决定—选择评估小组—确定反事实—选择方法—确定要研究的变量—收集数据和信息—执行分析—验证结果的可靠性—得出结论并汲取教训。事后评估的目标确定：如是否保护和促进了竞争对消费者福利的影响，事后评估的主体，由反垄断委员会组建专业团队，典型案例的选择，要求评估的对象应具有多样性和代表性，明确评估的方法（包括采访被调查的主体、收集市场数据、建立科学的测试方法）；总结经验和教训：如值得继续保持和尚需改进的地方。王晓晔教授曾指出："我国已成为跨国公司开展经营活动的重要场所，我国《反垄断法》与美国反托拉斯法和欧盟竞争法一样，已经成为国际上最具影响的反垄断法之一。"[①] 在此背景之下，反垄断执法经济效果的事后评估有宽泛的应用空间，本书仅从经济学角度对相关方法进行了梳理，未来还将对相应方法在具体个案中的应用作进一步研究。

---

① 王晓晔. 我国反垄断法中的经营者集中控制：成就与挑战 [J]. 法学评论，2017（2）：11.